COMMENT OBTENIR LA VÉRITÉ EN MOINS DE 5 MINUTES

Ce livre est l'édition poche
de *Comment ne plus se faire avoir*, paru en 2008
aux éditions Leduc.s.

Illustrations : Antoine Limare
Maquette : NordCompo

Titre de l'édition anglaise :
Never Be Lied to Again

Traduit de l'anglais (États-Unis)
par Marc Rozenbaum

29, boulevard Raspail
75007 Paris – FRANCE
ISBN : 978-2-37935-016-0

David J. Lieberman

COMMENT OBTENIR LA VÉRITÉ EN MOINS DE 5 MINUTES

ALISIO
POCHE

Sommaire

Introduction

La technique et le pouvoir

L'honnêteté est au fondement même de toute relation, que ce soit dans la vie professionnelle ou dans le domaine privé. Indéniablement, il importe de connaître les intentions véritables de la personne que vous avez en face de vous, car ainsi seulement, vous évitez de perdre votre temps, votre argent et votre énergie et vous vous épargnez bien des tourments. En connaissant les véritables intentions de vos interlocuteurs, vous serez en mesure de contrôler la situation, ou tout au moins, d'éviter de vous faire rouler.

Dans la vie, l'idéal serait de pouvoir toujours prendre les bonnes décisions. N'oublions pas, cependant, que la justesse d'une décision suppose la justesse des faits sur lesquels elle se fonde. En lisant ce livre, vous allez découvrir le moyen de décrypter les messages au-delà des mots, de savoir ce que les gens pensent au-delà de ce qu'ils vous disent. Comme le disait si bien une de mes anciennes clientes : « C'est comme si vous aviez un de vos hommes dans leur camp : une taupe en quelque sorte. »

Dans une société idéale, les mensonges n'auraient pas lieu d'être, et ce livre non plus. Mais nous vivons dans un monde d'illusion, et que vous le vouliez ou non, vous êtes dans la partie. La question est de savoir si vous voulez gagner. Dans votre vie sentimentale, cessez d'être le dindon de la farce. Dans votre vie professionnelle, sachez enfin avoir le dessus. Bientôt, dans tout conflit d'intérêts, vous disposerez des moyens d'être gagnant.

Ce que vous trouverez dans ce livre

Je suis un spécialiste du comportement humain. Hypnothérapeute et docteur en psychologie, j'interviens en tant qu'expert pour le compte d'entreprises ou de personnes physiques auxquelles j'apporte un type de soutien que l'on ne peut souvent même pas espérer des avocats les mieux payés ni des consultants les plus prisés.

Trop souvent, nous ne savons pas saisir le signifié au-delà du message. Comme vous le savez, les gens ne disent pas toujours ce qu'ils veulent dire et ne veulent pas toujours dire ce qu'ils disent. Ce qui nous intéresse ici, c'est la vérité et les moyens de la connaître.

Pour être un bon négociateur, il vous faut savoir utiliser un certain nombre de techniques qui reposent toutes sur la pertinence de l'information dont vous disposez. Les réponses que pourra vous donner le plus puissant ordinateur du monde ne vous serviront à rien si les données que vous y avez introduites sont fausses.

Au cours d'une conversation ou d'une négociation, les faits peuvent facilement être distordus, et c'est ce que nous avons tendance à oublier. On dit qu'Abraham Lincoln avait demandé à ses visiteurs combien de pattes aurait un mouton si l'on appelait sa queue une patte. La bonne réponse était : « Quatre », car une queue reste une queue, même si on l'appelle une patte.

Les gens mentent pour diverses raisons, mais ils mentent rarement au profit de leurs interlocuteurs. Enfin, une vérité indéniable sur le mensonge est que tout le monde ment, mais que personne n'aime qu'on lui mente.

Pour qu'un mensonge réussisse, il faut au moins deux personnes : celui qui formule le mensonge et celui qui le croit. Nous ne pouvons certainement pas empêcher les gens de nous mentir, mais nous pouvons empêcher que leurs mensonges réussissent.

Ce livre comporte huit chapitres, chacun consacré à un aspect particulier du mensonge. Vous y trouverez des techniques innovantes qui vous permettront de savoir si l'on vous ment. Si vous êtes victime d'un abus, elles vous aideront à rétablir la vérité et à acquérir la maîtrise de la situation. Les exemples proposés dans ce livre sont souvent tirés de situations réelles, dans des contextes privés ou professionnels, et il ne fait aucun doute que ces situations sont semblables à celles dans lesquelles la plupart d'entre nous avons l'occasion de nous retrouver.

Chapitre 1

Les signes qui indiquent que l'on vous ment

Là où les autres livres s'arrêtent, celui-ci commence. Les indices fournis par le langage du corps ne sont pour nous que le point de départ. Ce premier chapitre répertorie quarante-six indices du mensonge, répartis sur sept sections. Certains de ces indices concernent les bases mêmes du langage du corps, tandis que d'autres sont liés à l'utilisation de techniques et de procédés plus subtils, comme par exemple l'emphase psycholinguistique ou la perception neurolinguistique des choix. Pour plus de facilité, chaque section se termine par un résumé.

Chapitre 2

Devenez un détecteur de mensonges

Souvent, nous nous engageons dans la lutte verbale à l'aveuglette. De façon générale, c'est deux jours après la bataille que nous réfléchissons aux questions que nous *aurions dû* poser. Cette section comporte un plan d'attaque spécifique pour détecter le mensonge. Je vous y explique en détail ce que vous devez dire et quand vous devez le dire. Il s'agit d'un système élaboré, dans lequel vous faites un choix parmi divers plans d'attaque qui correspondent chacun à un point de vue psychologique différent. À chaque fois, vous avez une amorce, un plan d'attaque et des balles en or.

Chapitre 3

Des techniques pour détecter le mensonge et accumuler l'information dans une conversation banale

Dans une conversation ordinaire, il peut vous arriver de soupçonner que l'on vous mente, mais sans que vous ayez la possibilité de pousser la personne dans ses retranchements. Dans cette section, vous trouverez des techniques prodigieuses qui vous permettront d'obtenir, l'air de rien, davantage d'information. Vous y apprendrez aussi comment orienter la conversation à votre guise afin d'obtenir l'information qui vous intéresse. Cette section traite aussi des situations dans lesquelles différentes techniques sont nécessaires pour parvenir à la vérité, notamment lorsque vous n'êtes pas en position de force : le processus psychologique n'est alors pas le même.

Chapitre 4

Des jeux d'esprit

Vous trouverez dans ce chapitre deux techniques simples mais extraordinairement efficaces. Lorsque vous utiliserez la première, pratiquement personne ne pourra plus vous mentir. Quand vous emploierez la seconde, vous serez capable de discerner les intentions et les motivations véritables de chacun, dans n'importe quelle situation.

Chapitre 5

Des techniques perfectionnées

Cette section présente les techniques les plus perfectionnées pour connaître la vérité. À l'aide de procédés inspirés de l'hypnose et d'un système que j'ai mis au point, Trance-Scripts, vous pourrez directement dicter vos instructions à l'inconscient de vos interlocuteurs : et tout cela, au cours de la conversation et à leur insu. Grâce à ce système, vous les obligerez à vous dire la vérité.

Chapitre 6

La psychologie à votre service

Ce chapitre vous permettra de découvrir les dix lois fondamentales du comportement humain. Ce sont les principes qui gouvernent nos pensées. Une fois que vous les connaîtrez, vous saurez comment obtenir, en toute circonstance, que l'on vous dise la vérité. Sachant de quelle manière le cerveau traite l'information, vous serez capable d'influencer facilement les décisions des autres.

Chapitre 7

Nos propres barrières, ou comment nous nous mentons à nous-mêmes

Dans ce livre qui traite du mensonge, la plus grande vérité est celle-ci : c'est lorsque nous nous mentons à nous-mêmes que nous mentons de la façon la plus grossière. Qui n'a jamais rencontré une personne qui refusait absolument de croire à l'infidélité de son conjoint, malgré un certain nombre de signes tangibles ? Cette section vous permettra de prendre conscience de vos propres blocages, ceux qui vous empêchent de voir la réalité, et dès lors, vous serez en mesure de les éliminer.

Chapitre 8

Les barrières extérieures

Dans cette section, vous allez découvrir les secrets psychologiques des experts. Vous allez comprendre la manière dont les professionnels – qu'il s'agisse de joueurs de poker ou de négociateurs – s'y prennent pour vous empêcher de percevoir les faits de façon la manière dont les professionnels – qu'il s'agisse de objective, et même, pour vous rendre incapable d'évaluer correctement l'information. L'influence qu'ils peuvent exercer sur vous est considérable : ils sont capables d'altérer sensiblement votre perception de la réalité – sauf, bien entendu, si vous êtes vous-même devenu capable, grâce à la lecture de ce livre, de déjouer leur ruse.

Vous ne vous laisserez plus bercer
par de doux mensonges…

1

Les signes qui indiquent que l'on vous ment

« Celui qui a des yeux pour voir et des oreilles pour entendre constate que les mortels ne peuvent cacher aucun secret. Si ses lèvres restent closes, il bavarde avec le bout des doigts ; il se trahit par tous les pores. »

Sigmund Freud

Ce chapitre est constitué d'un catalogue de quarante-six indices de tromperie répartis en sept sections. Ces indices peuvent être utilisés séparément ou bien ensemble. Même si certains de ces indices fonctionnent très bien seuls, il convient de les envisager tous dans le contexte de la situation concernée : ils n'ont pas une valeur absolue.

Certains de ces indices sont tellement subtils que vous risquerez de ne pas les remarquer, sauf si vous restez très attentif. D'autres seront tout ce qu'il y a de plus évident. Dans certains cas, vous cherchez à identifier des mensonges par omission, c'est-à-dire à trouver ce qui devrait être présent mais ne l'est pas. À d'autres moments, il s'agira de mensonges par commission, c'est-à-dire d'affirmations qui ne sont pas cohérentes avec le reste du message.

Vous n'aurez pas toujours la possibilité de détecter tous ces indices : si, par exemple, vous êtes au téléphone, vous ne pouvez pas voir votre interlocuteur. Il n'est pas nécessaire d'apprendre ces indices par cœur, car ils finiront par devenir une seconde nature : peu à peu, vous saurez ce que vous devez rechercher, ce que vous devez écouter et ce que vous devez demander pour savoir la vérité.

Certaines variables comme le sexe, l'origine ethnique ou le milieu social et culturel de la personne, peuvent avoir une influence sur notre manière d'interpréter divers indices, comme par exemple les gestes de cette personne ou la façon dont elle se sert de son espace. Cependant, pour l'essentiel, ces facteurs sont négligeables et peuvent être ignorés.

Certains indices relèvent des disciplines traditionnelles de la psychologie, notamment le langage corporel et la psycholinguistique, qui servent à détecter des incohérences entre le message verbal et le message non verbal. Vous utiliserez aussi des méthodes plus élaborées, mises au point à partir de mes recherches dans le domaine du comportement humain. Une de ces méthodes, la mise en évidence psycholinguistique, concerne les termes que choisit la personne pour refléter son état psychologique immédiat.

Quand vous vous rendez compte que l'on vous ment, devez-vous tout de suite affronter le menteur ? En général, non. La meilleure attitude consiste à noter le fait dans un coin de votre mémoire et à poursuivre la conversation pour tenter d'en savoir davantage. Au contraire, si vous affrontez la personne qui vient de vous mentir, le ton de la conversation va changer, et dès lors, il vous sera difficile d'obtenir davantage d'information. Attendez donc d'avoir toutes les preuves voulues avant de décider soit d'affronter la personne, soit de vous en abstenir pour chercher plutôt à utiliser à votre avantage ce dont vous avez pris conscience.

Section 1 : Le langage corporel

La position et le mouvement de nos doigts, de nos mains, de nos bras et de nos jambes donnent un intéressant aperçu de nos véritables sentiments. La plupart du temps, les gens ne se rendent pas compte que leur corps parle son propre langage : ils ont beau tenter de vous induire en erreur par la parole, il est toujours possible de déceler la vérité en silence.

Peut-être avez-vous déjà entendu parler de certains de ces indices, mais il ne s'agit là que d'une petite partie des tactiques que vous allez apprendre.

Indice 1

Le langage des yeux

Lorsque votre interlocuteur ne vous regarde jamais dans les yeux ou évite de le faire, c'est un signe classique de tromperie. Une personne qui vous ment fera tout pour éviter le contact visuel. Inconsciemment, elle sent que vous pourriez voir à travers elle : à travers ses yeux. Comme elle se sent coupable, elle évite votre regard. Elle dirigera plutôt son regard vers le sol, ou bien d'un côté à l'autre. Inversement, quand nous disons la vérité ou lorsque nous faisons l'objet d'une accusation fausse, nous avons tendance à concentrer notre attention et à fixer des yeux notre accusateur comme pour lui dire : « Tu ne t'en tireras pas ainsi, nous allons mettre les choses au point. »

Indice 2

Le corps ne ment jamais

Quand votre interlocuteur est trop figé

Les mains et les bras sont d'excellents indicateurs du mensonge, car ce sont les éléments essentiels de la gestuelle et ils sont plus facilement visibles que les pieds et les jambes. Cependant, aussi bien les jambes et les pieds que les mains et les bras, si nous les observons bien, peuvent nous donner l'information. Celui qui ment ou dissimule aura tendance à être moins expressif avec ses mains et ses bras. Il gardera les mains sur les cuisses s'il est assis, sur les hanches s'il est debout ; il peut aussi fourrer ses mains dans ses poches ou se les serrer l'une contre l'autre. Il peut rentrer les doigts dans la paume de la main ; au contraire, des doigts bien déployés sont généralement un signe d'ouverture.

N'avez-vous jamais remarqué que lorsque vous étiez passionné par votre sujet, vos mains et vos bras partaient dans tous les sens et reflétaient votre enthousiasme ? Par ailleurs, ne vous êtes-vous jamais rendu compte que lorsque vous ne croyiez pas à ce que vous étiez en train de dire, le langage de votre corps le reflétait aussi, par son côté soudain inexpressif ?

Si la personne que vous questionnez se tient les mains ou si elle dirige ses paumes vers le sol, c'est un signe de défense et de retrait. Au contraire, si la personne est vraiment désorientée par vos questions, elle retournera ses mains paume vers le dessus comme pour dire « Dites-m'en davantage, je ne comprends pas » ou « Je n'ai rien à cacher ».

Quand votre interlocuteur cache quelque chose

Quand une personne se tient assise en ramenant ses bras et ses jambes près de son corps, par exemple en croisant les jambes mais sans les tendre, elle a le sentiment qu'elle garde quelque chose par-devers elle. Si elle croise les bras ou les jambes, ce peut être le besoin d'adopter une attitude défensive. Quand nous sommes mis en confiance, nous avons tendance à allonger les bras et les jambes – à revendiquer notre espace, pour ainsi dire. Quand nous nous sentons moins à l'aise, nous prenons moins d'espace et nous nous replions dans une position presque fœtale.

Les mouvements artificiels

Parfois, les mouvements et les gestes des bras semblent raides et presque mécaniques. On peut observer ce genre de comportement chez certains acteurs ou hommes politiques peu stylés. En s'aidant de gestes, ils s'efforcent de nous donner l'impression qu'ils sont convaincus par ce qu'ils nous disent, mais leurs mouvements sont contraints, artificiels, et manquent de fluidité.

Indice 3

Les gestes inconscients de dissimulation

Si la personne porte les mains à son visage au moment où elle répond à une question ou lorsqu'elle vous déclare quelque chose, c'est souvent un signe de tromperie. Elle se couvrira la bouche de sa main tout en parlant, ce qui indique qu'elle ne croit pas vraiment à ce qu'elle dit. Inconsciemment, elle se sert de sa main comme d'un écran pour tenter de cacher ses mots.

Quand la personne vous écoute, elle se couvre ou se touche le visage, manifestant ainsi inconsciemment l'idée qu'elle *ne veut pas écouter cela*. Si elle se touche le nez, on peut aussi le considérer comme un geste de tromperie, de même que si elle se gratte derrière l'oreille ou le côté de l'oreille, ou si elle se frotte les yeux.

Il convient de ne pas confondre cette attitude avec la posture d'une personne absorbée par une pensée profonde, qui reflétera plutôt la concentration et l'attention.

Indice 4

Le haussement d'épaules fugace

En général, un haussement d'épaules indique l'ignorance ou l'indifférence : « je ne sais pas » ou « je m'en fiche ». La personne communique sciemment ce message. Toutefois, si le geste est fugace, à peine visible, il indique autre chose. La personne essaie de faire croire qu'elle est détendue, alors qu'en réalité, la question la gêne. Elle ne hausse pas réellement les épaules parce qu'elle n'éprouve pas une émotion véritable.

Sa situation est similaire à celle d'une personne qui serait gênée par une plaisanterie mais qui voudrait faire croire qu'elle la trouve drôle. Elle ne sourit que des lèvres.

Le langage corporel : points à retenir

- La personne évite de croiser votre regard.
- Son expression physique, les mouvements de ses bras et de ses mains sont limités. Les rares mouvements des bras et des mains sont raides et mécaniques. Elle rapproche ses mains, ses bras et ses jambes vers son corps : elle occupe moins d'espace.
- Elle porte éventuellement la main (ou les mains) à son visage ou à sa gorge, mais le contact entre sa main et son corps se limite à ces zones-là. Il y a peu de chances qu'elle se touche la poitrine d'un geste ouvert de la main.
- Si elle essaie de paraître détendue en répondant à une question, elle peut hausser très légèrement les épaules.

Section 2 : Les états émotionnels : cohérence et contradiction

Il convient d'observer les gestes de la personne *à la fois* de façon séparée et en liaison avec la conversation. Dans cette section, nous allons examiner la relation entre les paroles et les gestes. Sans parler d'incohérences évidentes comme le fait de faire « non » de la tête tout en disant « oui », il existe des signes plus subtils mais tout aussi révélateurs de la tromperie. Il s'agit de gestes qui peuvent être conscients ou inconscients.

Les réactions des menteurs
sont parfois sans équivoque !

Parfois aussi, nous faisons un effort conscient pour faire passer une idée, mais si notre geste est forcé, nous manquons de spontanéité et nous ne sommes pas naturels. Pour qui sait ce qu'il doit observer, cela se voit tout de suite.

Les incohérences entre les gestes, les paroles et les *émotions* sont aussi de précieux indicateurs, car nous avons alors un message double. C'est ce qui se produit, par exemple, lorsqu'une personne affiche un rictus tout en exprimant sa tristesse à un ami qui a perdu sa femme.

Observez bien ce qu'on appelle l'expression de réaction initiale (ERI). Il s'agit de l'expression initiale des véritables sentiments de la personne. Cette expression peut durer moins d'une seconde, le temps que la personne parvienne à masquer ce qu'elle éprouve. Même si vous ne pouvez pas déchiffrer cette expression fugace, le fait que l'expression de la personne ait changé est une raison suffisante pour soupçonner que l'émotion qu'elle manifeste à présent est feinte.

Indice 5

Tout est dans la simultanéité

Si la personne commence à secouer la tête comme pour confirmer alors que les mots ne sont pas encore sortis de sa bouche ou au moment où ils en sortent, il est clair qu'elle dit la vérité. En revanche, si elle secoue la tête *après* avoir dit ce qu'elle avait à dire, peut-être essaie-t-elle de vous faire croire qu'elle en est convaincue. Le mouvement est alors forcé, il ne procède plus de l'émotion : c'est trop tard.

Observez aussi les mouvements des mains et des bras qui ponctuent une affirmation *après coup*. Le geste semble alors être quelque chose d'ajouté, car c'est bien ce qu'il est. La personne veut exprimer rapidement ce qu'elle a à dire, mais elle se dit qu'il est peut-être important qu'elle ait l'air vraiment déterminée, et elle se met à jouer un rôle. Non seulement ses mouvements des mains et des bras sont tardifs, mais ils paraissent mécaniques et ne coïncident pas avec la ponctuation verbale.

Si vous vouliez convaincre quelqu'un que vous êtes en colère, alors qu'en réalité vous ne l'êtes pas, il vous faudrait jouer un rôle. Mais il y a autre chose. Le moment précis où apparaît cette expression de colère sur votre visage est déterminant. Si l'expression faciale est *postérieure* à l'expression verbale, elle paraît fausse. Au contraire, si vous exprimiez la colère sur votre visage *avant* de la déclarer verbalement, il n'y aurait aucun signe qu'elle est feinte. Tout ce que cela indiquerait, c'est que vous cherchez vos mots ou que vous hésitez sur la façon d'exprimer votre colère.

Par ailleurs, celui qui croit à ce qu'il dit aura tendance à hocher la tête sur les syllabes importantes. Que ce soit verticalement ou latéralement, un mouvement de tête est censé ponctuer des points particuliers ou des idées particulières. Un hochement mécanique indépendamment de toute insistance est un mouvement conscient, dont le but est de montrer l'insistance. Or, lorsqu'une personne ment, ces mouvements ne font pas partie du rythme naturel du message.

Indice 6

Contradiction et cohérence

Non seulement la simultanéité est importante, mais il est nécessaire d'être attentif au *type* de gestuelle. Une femme qui fronce les sourcils tout en vous disant qu'elle vous aime émet un message contradictoire. Une contradiction évidente entre le geste et la parole est le signe que la personne ment. Un bon exemple est celui de l'homme qui essaie de convaincre sa petite amie qu'il l'aime tout en secouant le poing dans l'air.

De même, des mains agrippées l'une à l'autre et l'affirmation qu'on est content ne vont pas ensemble. Le geste doit être cohérent avec la parole.

Indice 7

Le choc de l'émotion

La spontanéité de l'émotion est difficile à contrefaire. Soyez attentif, et vous ne vous y laisserez sans doute pas prendre. Une réponse qui n'est pas sincère n'est pas spontanée : une émotion simulée ne devient donc visible qu'avec un léger retard. La durée de l'émotion est aussi déphasée : la réponse couvre un temps plus long que s'il s'agissait d'une émotion véritable. L'émotion disparaît aussi plus brutalement. Elle arrive en retard, elle dure trop longtemps et elle disparaît trop vite.

La surprise est un bon exemple. Une vraie surprise vient et disparaît rapidement. Si la surprise se prolonge, il y a toutes les chances pour qu'elle soit feinte. Quand nous feignons la surprise, nous avons tendance à nous figer dans une expression de stupeur : un observateur averti ne s'y laisserait pas prendre.

Indice 8

La zone d'expression : attention aux sourires qui n'ont pas l'air heureux

Les expressions trompeuses se limitent souvent à la région de la bouche. Un sourire authentique illumine le visage tout entier. Au contraire, lorsqu'il s'agit d'un sourire forcé, la bouche de la personne est fermée et étirée, et il n'y a pas de mouvement au niveau des yeux ni du front. Un sourire auquel tout le visage ne participe pas est le signe d'une tromperie.

Pendant que nous y sommes, sachez que le sourire est le masque le plus courant de l'émotion, car dans le bas du visage, le sourire est ce qui dissimule le mieux l'expression de la colère, du dégoût, de la tristesse ou de la peur. En d'autres termes, une personne qui ne veut pas révéler ce qu'elle éprouve véritablement aura tendance à adopter « une mine réjouie ». Cependant, ne l'oubliez pas, si le sourire n'est pas le reflet d'une émotion véritable, comme par exemple la joie, tout le visage n'y participera pas.

Les états émotionnels : points à retenir

- Il existe un décalage entre le geste et la parole.
- Les mouvements de la tête sont mécaniques.
- Les gestes ne sont pas cohérents avec le message verbal.
- L'expression physique de l'émotion est décalée dans le temps et dans la durée.
- Lorsqu'une émotion (de joie, de surprise, d'admiration, etc.) est feinte, son expression se limite au bas du visage.

Section 3 :
Les interactions interpersonnelles

Il s'agit d'être attentif à la posture d'une personne à la fois en tant que telle *et* par rapport à ce qui l'entoure. La façon dont la personne se comporte, quand on l'étudie en relation avec ce qu'elle dit, est un excellent indicateur de son niveau de confort.

On croit généralement que celui qui est accusé à tort se met sur la défensive. En réalité, habituellement, seule une personne qui est coupable se met sur la défensive. Celui qui est innocent prendra l'offensive. Supposons que Marie et Jean soient en train de se disputer et que Marie accuse Jean de quelque chose. Jean ne prendra pas automatiquement une position défensive. S'il est innocent et s'il a lieu de protester, il prendra l'offensive. Les indices qui suivent ont trait aux distinctions entre ces deux états d'esprit.

Indice 9

Le mouvement de la tête

Lorsqu'une personne délivre ou écoute un message qui la rend mal à l'aise, il se peut qu'elle éloigne la tête de son interlocuteur. Elle tente ainsi de se distancer de la source de son inconfort. Au contraire, si elle est à l'aise et si elle est sûre d'elle, elle avancera la tête vers son interlocuteur afin de se rapprocher de sa source d'information. Guettez une secousse immédiate et prononcée de la tête, ou bien un retrait lent et délibéré : il peut se produire l'un ou l'autre.

Ce geste est très différent d'une légère *inclinaison* de la tête sur le côté, et il importe de ne pas confondre. Ce dernier phénomène se produit lorsque nous entendons quelque chose d'intéressant. Une telle posture est considérée comme vulnérable, elle ne sera pas celle d'une personne qui a quelque chose à cacher.

Indice 10

La posture d'un menteur

Une personne qui se sent à l'aise dans une situation ou dans une conversation se tient droite, qu'elle soit debout ou assise. Cette attitude indique aussi la façon dont la personne se sent en général. Ceux qui sont sûrs d'eux et ont confiance en eux-mêmes se tiennent droits, les épaules en arrière. Ceux qui ne sont pas sûrs d'eux-mêmes se tiennent souvent courbés, les mains dans les poches.

Des études ont montré que le meilleur moyen d'éviter de se faire agresser était de marcher avec énergie, tête haute et en remuant les bras. Ainsi, on donne l'image d'une personne sûre d'elle-même. Dans une conversation, selon que ce qu'elle dit ou ce qu'elle entend lui inspire un sentiment de confiance ou un sentiment d'insécurité, une personne aura tendance à adopter une posture physique différente.

Indice 11

Si votre interlocuteur se dirige vers la sortie...

De la même manière que nous avons un mouvement de recul vis-à-vis de quelqu'un qui nous menace physiquement, celui qui se sent psychologiquement désavantagé aura un mouvement de recul vis-à-vis de son accusateur. Au contraire, quand nous avons des convictions et quand nous cherchons à convaincre, nous nous rapprochons de notre interlocuteur. Un menteur n'ira pas se rapprocher de ce qui est pour lui la source d'une menace, il évitera même de l'affronter. Il aura tendance à se tourner de côté ou même à lui tourner le dos. Celui qui cherchera à réfuter des propos diffamants fera face à son interlocuteur, pas celui qui cherchera à tromper.

Sachez aussi repérer un mouvement en direction de la sortie. Une personne qui se sent mal à l'aise pourra se pencher ou même se déplacer vers la sortie. Si elle est debout, elle ira peut-être se coller le dos au mur. Psychologiquement exposée, elle aura tendance à chercher un refuge dans son environnement physique. Se sentant verbalement piégée, elle voudra se mettre en position de voir ce qui va lui arriver. Au contraire, une personne qui se sent à l'aise ne fuit pas le centre de la scène.

Indice 12

Pas de contact ? C'est louche

Une personne qui trompe évitera le contact physique avec son interlocuteur. C'est là un indicateur très fiable. Au moment où il vous affirme quelque chose de faux, il est rare que le menteur vous touche. Inconsciemment, il réduit le niveau d'intimité, afin de se sentir moins coupable. Nous recourons au contact physique lorsque nous croyons vraiment à ce que nous disons.

Indice 13

Le doigt qui ne pointe jamais

Il est rare que celui qui ment ou dissimule pointe le doigt en l'air ou vers autrui. Pointer le doigt est le signe de la conviction et de l'autorité, autant que de l'insistance. Celui qui n'est pas à l'aise avec ce qu'il affirme n'est généralement pas en mesure d'éviter de donner cet indice non verbal de dédain.

Indice 14

Barrières et obstacles

Votre interlocuteur se sert-il d'objets inanimés (un coussin, un verre, n'importe quel objet) pour former une barrière entre vous et lui ? De même que vous vous protégeriez contre un risque physique, votre interlocuteur se protège ainsi contre une attaque verbale. Plus un individu est à l'aise avec un sujet particulier, plus il est disposé à en discuter ouvertement. S'il place une barrière physique entre vous et lui, c'est comme s'il disait « je ne veux pas en parler » : c'est le signe d'une tromperie ou d'une intention de dissimuler. Ne pouvant se lever et partir, il manifeste ainsi son inconfort en plaçant une barrière entre lui-même et la source de cet inconfort.

Patrick, un de mes collègues, m'a raconté un jour cette histoire intéressante à propos de son ancien patron, le PDG d'une grande société industrielle. À chaque fois que Patrick entretenait son patron d'un problème de personnel ou de production, ou plus généralement d'un sujet désagréable, ce dernier plaçait sa tasse de café sur son bureau, entre eux deux, puis, avec désinvolture et de façon inconsciente, il se mettait à aligner les objets posés sur son bureau, comme pour se séparer de son interlocuteur au moyen d'une barrière.

Les interactions interpersonnelles : points à retenir

- La personne esquisse un mouvement comme pour s'éloigner de son accusateur, souvent en direction de la sortie.
- La personne est réticente à faire face à son interlocuteur et a tendance à tourner la tête ou le corps.
- Une personne qui ment aura tendance à s'avachir ; il est peu probable qu'elle se tienne bien droite et qu'elle garde ses bras détendus et sur les côtés.

- Alors qu'elle essaiera de vous convaincre, elle évitera le contact physique.
- En essayant de vous convaincre, elle ne pointera pas son doigt vers vous.
- La personne aura tendance à placer des objets physiques entre elle et son accusateur.

Section 4 : Le vrai sens des mots

« On exprime souvent les mensonges les plus cruels par le silence. »

Robert Louis Stevenson

Les mots que nous choisissons pour nous exprimer dévoilent nos vrais sentiments. Quand nous essayons de donner le change, nous choisissons des mots, des expressions et une syntaxe dont nous *pensons* qu'ils inciteront notre interlocuteur à croire à notre message. Pensez par exemple aux différentes manières possibles, verbales et non verbales, de dire *oui*. La façon dont nous choisissons de nous exprimer indique dans quelle mesure nous croyons ce que nous disons.

Il existe des différences subtiles entre l'apparence d'une vérité et l'apparence d'un mensonge maquillé pour paraître comme une vérité. Les mots dont nous nous servons pour transmettre un message reflètent nos vrais sentiments bien mieux que ce que vous pourriez croire.

Indice 15

Quand la personne se sert de vos propres termes

Quand vous êtes préoccupé, vous réagissez d'une façon différente aux gestes conventionnels de courtoisie : ne l'avez-vous jamais remarqué ? Le matin, quand vous arrivez au travail, vous répondez « Bonjour » si l'on vous a dit « Bonjour », « Salut » si l'on vous a dit « Salut ». Vous n'avez pas envie de faire l'effort d'y penser.

Nous parlons ici d'un indice que donne une personne qui, lorsqu'elle est mise en cause, n'a pas le *temps* de penser, si bien que, dans sa crainte, elle reprend les termes utilisés par son interlocuteur. Prise au dépourvu, elle se sert des mots de l'autre pour répondre, mais de façon négative. Donner une forme négative à une affirmation positive est le moyen le plus rapide de s'exprimer. Ainsi, par exemple, une femme en colère demande à son mari : « M'as-tu déjà trompée ? » Le mari menteur répond : « Non, je ne t'ai pas déjà trompée. » Ici, le menteur met simplement le verbe à la forme négative et reprend l'adverbe *déjà*. Il faut surtout garder à l'esprit que la personne coupable veut produire rapidement une réponse. Elle a en effet le sentiment que plus sa réponse arrive avec retard, plus elle donnera à son interlocuteur l'impression qu'elle est coupable. Or, pour un coupable, chaque seconde qui s'écoule semble une éternité.

Indice 16

Plus la personne insiste et plus vous avez de raisons de vous inquiéter

Il a souvent été dit que les personnes auxquelles il est le plus facile de vendre quelque chose sont celles qui écrivent sur leur boîte à lettres « PAS DE PUBLICITÉ ». Ce sont des personnes qui ont tendance à se laisser embobiner et qui tentent ainsi de dissuader les démarcheurs d'essayer.

Quelqu'un qui dit la vérité ne craint pas d'être mal compris. Il est toujours disposé à éclaircir son point de vue. Le menteur, lui, veut être sûr que vous compreniez tout de suite ce qu'il vous raconte, si bien qu'il changera facilement de sujet pour éviter que vous ne lui posiez d'autres questions. Il compense son manque d'arguments solides par l'utilisation de mots forts. Ainsi, par exemple, quand on lui demande s'il n'a jamais triché aux examens durant ses études de droit, Pierre répond : « Bien sûr que non, je n'ai jamais triché. » S'il avait triché et s'il voulait faire croire le contraire, il donnerait probablement une réponse plus définitive, du genre « Non, je ne tricherais jamais à un examen ». Certes, quelqu'un qui n'a jamais triché peut aussi faire cette réponse, c'est pourquoi la réponse doit être appréciée dans le contexte de la conversation et des autres indices.

Parfois, des personnes qui affirment avec force une opinion ou un point de vue n'y croient pas elles-mêmes. Si elles y croyaient, elles n'éprouveraient pas le besoin de compenser ainsi. Si quelqu'un vient vous affirmer que pour rien au monde il ne changerait d'avis, cela signifie une chose : il sait qu'il est influençable. Il a besoin de vous faire croire le contraire pour vous dissuader de le contredire, car il sait bien qu'il risque de céder à vos arguments.

L'ironie de la chose est que c'est la personne qui est sûre d'elle qui utilisera des formules comme « Je suis désolé, mais nous pourrons difficilement faire mieux » ou « Je crains que les possibilités de négociation soient limitées ». Cette personne cherche à réconforter son interlocuteur et non à se protéger.

Indice 17

Le bon vieux lapsus freudien

Parfois, nous disons une chose alors que ce n'est pas ce que nous voulions dire. On appelle cela un lapsus. Le lapsus est un glissement subconscient par lequel des mots prononcés par inadvertance reflètent et révèlent les vrais sentiments, la vraie pensée ou la véritable intention de la personne. Par exemple, une personne déclare « Nous avons vraiment travaillé dur sur ce projet, et il nous a fallu toute la nuit pour le *copier* » alors qu'elle voulait dire « Il nous a fallu toute la nuit pour le *terminer* »…

À propos des lapsus, j'ai une bonne blague à raconter. Un homme avait un jour avoué à un ami qu'il avait fait un lapsus au cours d'un récent dîner chez ses parents : « Je voulais dire à ma mère "Pourrais-tu me passer le sel ?" et au lieu de cela, je lui ai dit "J'ai eu une enfance épouvantable et tu m'as pourri la vie, espèce de vieille peau !". »

Indice 18

Je suis au-dessus de ça

Quand une personne répond à une question en en dénaturant ou en en généralisant le sens, cela doit vous mettre la puce à l'oreille. Supposons que vous demandiez à quelqu'un : « M'avez-vous dit la vérité hier ? » et que vous obteniez une réponse du genre « Bien sûr. Jamais je n'irais vous mentir. Vous savez bien ce que je pense des menteurs ». Ou bien, supposons que la question soit « Dans votre dernier emploi, vous est-il déjà arrivé de voler quelque chose ? » et que la personne réponde « Non, pour moi, voler à son travail est la pire chose qu'on puisse faire ». Ou encore, en demandant « Vous ne m'avez jamais raconté de bobards ? », vous obtenez comme réponse : « Vous savez que je suis contre ce genre de choses. Pour moi, c'est moralement condamnable. » Pour paraître plus catégorique, le menteur propose une assurance abstraite en guise de preuve de son innocence dans un cas particulier. Dans son esprit, les faits ne parlent pas en sa faveur : pour se défendre, il invoque un système de valeurs fictif.

Indice 19

Le silence est d'or

Ne vous est-il jamais arrivé, lors d'une première rencontre, de vous sentir mal à l'aise à cause d'une gaffe ? Quand on est mal à l'aise, le silence ajoute encore au malaise. Inversement, deux conjoints peuvent se sentir à l'aise ensemble sans échanger un seul mot pendant des heures. Le silence gêne surtout ceux qui se sentent coupables.

Quand vous posez une question à votre interlocuteur, voyez s'il continue de fournir des informations sans qu'on le sollicite. Cela peut se passer comme suit : vous demandez à Jacques où il était vendredi soir et il vous répond « J'étais sorti avec des amis ». Vous vous montrez insatisfait de cette réponse. Jacques s'énerve, car il se dit que vous n'avez pas mordu à son hameçon. Il continue : « On est allés au cinéma. » Il continue à vous donner des précisions, jusqu'à ce que vous lui répondiez : il sait alors qu'il vous a convaincu.

Il convient de ne pas confondre ce cas de figure avec celui d'une personne qui vous dit tout d'emblée. Celui qui est coupable raconte son histoire par bribes jusqu'à ce qu'il obtienne la confirmation verbale qu'il peut s'arrêter. Il parle pour remplir les trous laissés par votre silence.

Indice 20

Une réponse sous-entendue n'est pas une réponse

Souvent, quand une personne ne veut pas répondre à une question, elle sous-entend une réponse. Ainsi, par exemple, Richard est au téléphone avec une fille qu'il n'a encore jamais rencontrée. En guise de plaisanterie, il lui demande : « Alors comme ça, tu es magnifique ? » Elle lui raconte alors qu'elle fait du sport trois fois par semaine, que les autres jours elle suit un cours d'aérobic, et qu'elle a déjà rencontré plusieurs hommes mannequins. Ce n'est pas une vraie réponse. Elle essaie de contourner la question en *sous-entendant* qu'elle est séduisante.

Le dialogue suivant est extrait d'un entretien entre la journaliste Helen Thomas et l'attaché de presse du président Nixon, Ronald Ziegler, à l'époque du scandale du Watergate :

H. Thomas : À ce jour, le Président a-t-il demandé à quelqu'un de démissionner, et quelqu'un a-t-il été convoqué ?

R. Ziegler : J'ai déclaré plusieurs fois, Helen, qu'il n'y avait pas de changement au niveau du personnel de la Maison-Blanche.

H. Thomas : Mais ce n'était pas la question. A-t-il demandé des démissions ?

R. Ziegler : Je comprends la question, et je l'ai bien entendue la première fois. Laissez-moi vous répondre. Comme je l'ai dit, il n'y a pas de changement au niveau du personnel de la Maison-Blanche. Aucune démission n'a été remise.

À la question « Le Président a-t-il demandé à quelqu'un de démissionner ? », Ziegler n'a pas répondu, ni de façon directe ni de façon indirecte. Il a essayé de *sous-entendre* qu'il y répondait, mais il n'y a jamais répondu.

Le vrai sens des mots : points à retenir

- La personne utilise vos mots pour vous répondre.
- Elle ajoute des informations jusqu'à ce qu'elle soit sûre de vous avoir fait gober sa version des faits.
- Elle donne par exemple des réponses évasives en cherchant à montrer qu'elle est sûre d'elle-même. Souvent, elle cherche ainsi à vous dissuader de tenter de la déstabiliser.
- Soyez attentif au lapsus révélateur.
- Elle truque sa réponse en exposant des convictions au lieu de vous répondre directement.
- Elle sous-entend une réponse sans la formuler de façon directe.

Section 5 :
La façon de le dire

« À quoi bon mentir quand la vérité,
bien arrangée, peut servir le même objectif. »

W. E. Forster

Je connais un coiffeur qui, après la coupe, allait lui-même prendre son pourboire dans le porte-monnaie de ses clientes. Il le faisait d'une façon si innocente que cela ne dérangeait personne, cela faisait simplement rire. Tout était dans la façon de le faire.

Entre deux commerciaux qui auront lu tous les ouvrages possibles sur les techniques de vente et appris tous les trucs imaginables, l'un continuera de réaliser un chiffre bien plus gros que l'autre. Ils emploieront les mêmes mots, mais ces mêmes mots transmettront un message complètement différent. Souvent, la façon de dire les choses est tout aussi importante que ce qui est dit.

Le sens d'une phrase, tel qu'il est perçu, peut changer selon l'accentuation. Remarquez les différentes interprétations possibles de la phrase « Michelle a été prise en flagrant délit alors qu'elle volait son patron » en fonction de la partie accentuée.

Michelle / a été / prise / en flagrant délit / à voler /
a b c d e
son / patron.
f g

a. En mettant l'accent sur *Michelle*, on indique qui a volé.
b. En mettant l'accent sur *a été*, on attire l'attention sur le fait que cela s'est déjà produit.
c. En mettant l'accent sur *prise*, on suggère que le fait qu'elle ait été vue est inhabituel.
d. En mettant l'accent sur *flagrant délit*, on insiste sur le côté indiscutable de l'événement.
e. Un accent sur *voler* indique que l'on ne se serait pas attendu à ce qu'elle vole.
f. Si l'accent est mis sur *son*, c'est le fait qu'elle ait volé son propre patron qui est inhabituel.
g. Un accent sur *patron* traduit l'idée qu'il est inhabituel qu'elle vole un patron (le sien ou un autre).

Dans cette section, nous étudions les subtilités de la communication. Vous allez découvrir comment les pensées cachées de celui qui parle sont toujours visibles à travers la façon dont il s'exprime.

Indice 21

Speedy Gonzales

À propos de la vitesse à laquelle une personne répond à une question, il existe une règle pratique. Elle s'applique surtout lorsque la question porte non pas sur des faits mais sur des attitudes ou sur des croyances. Une chaîne de restaurants connue recourt à un questionnaire minuté pour recruter ses salariés. On demande à chaque candidat s'il a des préjugés contre certains groupes ethniques ou s'il se sent mal à l'aise quand il doit travailler avec certaines personnes ou servir certaines personnes. Plus il lui faut de temps pour répondre « non », plus sa note descend. Il s'agit d'une question relative à une conviction, qui implique un processus interne. Celui qui n'a pas ce genre de préjugés répond rapidement. Au contraire, une personne qui a des préjugés a besoin de davantage de temps pour évaluer la question et formuler une réponse. Elle essaiera de trouver la « bonne » réponse, ce qui demande plus de temps que donner simplement une réponse honnête.

Un autre élément à prendre en considération est le rythme de la réponse. À quel débit le reste de la phrase suit-il l'affirmation ou la négation initiale ? Chez une personne sincère, un « oui » ou un « non » rapide est rapidement suivi d'une explication. Au contraire, si la personne dissimule, il lui faudra plus longtemps pour terminer sa phrase : elle peut dire rapidement « oui » ou « non », mais elle a besoin de réfléchir à ce qu'elle va pouvoir expliquer.

Indice 22

La compensation

Si la réaction de votre interlocuteur est disproportionnée, compte tenu de la question qui lui a été posée ou du propos qui lui a été tenu, c'est suspect. Il essaie d'atteindre plusieurs objectifs. Il veut qu'on le croie scandalisé, alors qu'il ne l'est pas. Il exagère donc son déplaisir, et il finit par en faire trop. Il essaie de vous convaincre, car sa réaction n'est pas naturellement convaincante. Comme dirait Shakespeare, « la dame fait trop de protestations ». Méfiez-vous également lorsque votre interlocuteur se lance dans des diatribes et répète des affirmations qu'il a déjà faites.

Parfois, votre interlocuteur peut jouer l'indignation parce qu'il essaie de se convaincre lui-même, en même temps qu'il essaie de vous convaincre vous. Il se passe là quelque chose d'inconscient, et c'est intéressant à remarquer. Quand un homme dénonce avec insistance la prostitution, par exemple, il se peut qu'il dissimule ainsi son véritable sentiment qui est exactement à l'opposé. Ne voulant pas devenir conscient de ce qu'il ressent réellement, il renforce son attitude démonstrative par une expression agressive. Bien sûr, il arrive aussi que la personne soit simplement passionnée par la cause qu'elle défend. C'est pourquoi ce qu'elle dit doit être considéré dans le contexte de la conversation.

La personne en question évitera aussi d'utiliser des mots qui traduisent l'attachement et l'appropriation. Ainsi, par exemple, un homme qui ment en affirmant qu'on lui a volé sa voiture aura tendance à dire « la voiture » ou « cette voiture » plutôt que « ma voiture » ou « notre voiture ». Celui qui ment à propos d'une relation ou d'une action visant une personne pourra dire, par exemple, « cet enfant » ou « la relation » plutôt que « mon enfant » ou « notre relation ».

Indice 23

L'accent révélateur

La personne utilise rarement les pronoms *je* et *nous*, ou ne les utilise pas : le menteur ne s'approprie pas ses propres paroles. Celui qui dit la vérité ne donne pas moins d'importance au pronom qu'au reste de la phrase. Au lieu de répondre « Oui, je l'ai fait », le menteur répondra plutôt simplement « Oui ».

Parfois, la personne ne mettra pas d'accent sur certains mots ou dans certaines expressions. Ainsi, par exemple, celui qui dit « Nous avons passé un moment fffaaaabuleux ! » s'approprie les paroles qu'il prononce. Maintenant, dites rapidement, de façon régulière et sans aucun accent tonique « c'était fabuleux ».

Quand une personne dit la vérité, elle allonge souvent, comme pour insister, le premier mot ou les deux premiers mots par lesquels elle approuve ou contredit : « Nooon », « Ouuuii », « Bien sûûûr ». Au contraire, celui qui ment utilise rarement ce type d'effet. L'élongation d'une syllabe est le signe que la personne se sent bien sur le mot qu'elle prononce, qu'elle est assez à l'aise pour « jouer » avec ses propres paroles. J'ai un ami qui forme des comédiens et qui me dit que les moins bons d'entre eux sont ceux qui ont tendance à parler de façon égale, et que c'est là le signe flagrant qu'ils débutent. Souvent, le simple fait de s'entraîner à allonger les mots les plus importants de chaque phrase leur permet de donner bien plus de crédibilité à leur personnage.

Par ailleurs, dans la réponse du menteur, il y aura généralement moins d'amplitude. Sa voix sera dans un registre plus aigu – comme tous les autres muscles, les cordes vocales se contractent en cas de stress – mais il y aura peu d'inflexions. Or, quand nous affirmons ou nions quelque chose, nous nous servons des inflexions pour mettre un accent. Celui qui ment a plutôt tendance à parler d'une voix terne et sans nuances réelles.

Indice 24

Celui qui bafouille ou qui bredouille

Parfois, les mots eux-mêmes ne sont pas clairs : ils semblent forcés. Le menteur a tendance à bredouiller et à parler plus doucement que s'il était motivé ou passionné par ce qu'il disait. Cependant, s'il a peur, il se peut que sa voix monte davantage dans l'aigu et que son débit s'accélère. Il se peut aussi que sa grammaire et sa syntaxe en souffrent, que ses phrases soient mal construites et qu'il prononce mal certains de ses mots.

Sarah, déclarant son amour à son fiancé, lui disait combien elle se souciait de lui. Le fiancé, lui, répondait d'une voix à peine audible, en se contentant de répéter les mots qu'elle venait d'employer. Elle n'y avait d'abord pas attaché beaucoup d'importance, mais par la suite, elle avait commencé à faire le lien entre ce détail et plusieurs autres petites choses. Quand une personne nous répond comme le faisait l'ancien fiancé de Sarah, nous savons instinctivement que quelque chose ne va pas. C'est comme s'il manquait quelque chose, et ce quelque chose, souvent, c'est la vérité.

Indice 25

Le ton des questions et le ton des affirmations doivent être différents

Le style d'expression varie selon que l'on pose une question ou que l'on formule une réponse. Quand on pose une question (« Qu'est-ce que tu fais ? »), la tête marque la fin de la phrase (*fais*). Les yeux, également, s'ouvrent plus grand dans la dernière partie de la question.

Comment exploiter cet indice ? Supposons que vous obteniez une réponse qui est énoncée comme une affirmation mais dont le style est plutôt celui d'une question. C'est le signe que la personne n'est pas sûre de ce qu'elle affirme et qu'elle attend de vous une confirmation. Si la personne à qui vous avez posé une question vous formule une réponse assurée, mais si sa voix, sa tête et ses yeux bougent à la fin de la phrase, cela signifie que sa conviction n'est pas aussi solide qu'elle cherche à vous le faire croire.

La façon de le dire :
points à retenir

- La formulation des réponses trompeuses aux questions portant sur des convictions et des attitudes demande davantage de temps.
- Les réactions disproportionnées à votre question doivent vous alerter.
- Une personne qui ment peut avoir tendance à éviter d'utiliser les pronoms personnels et à parler d'une voix monotone et inexpressive. Elle peut bafouiller, manger ses mots, bâcler la syntaxe et la grammaire. En d'autres termes, il y a des chances pour que son expression soit confuse.
- Si les déclarations de la personne sonnent nettement comme des questions, cela signifie qu'elle n'est pas sûre de ce qu'elle dit.

Section 6 :
Le profil psychologique

Nous allons maintenant découvrir ce qui se passe dans la tête d'un menteur et quels sont les éléments qui manquent généralement dans un récit qui n'est pas véridique.

Indice 26

Tout n'est que mensonge à ses yeux

La façon dont les gens voient le monde est souvent le reflet de la façon dont ils se voient eux-mêmes. Quand une personne pense que le monde n'est qu'un cloaque où le mensonge et la tromperie sont généralisés, c'est qu'elle-même, probablement, ne sait que mentir et tromper. Méfiez-vous de ceux qui ne cessent de vous dire que le reste du monde est corrompu. Comme disent les enfants, « celui qui dit, c'est celui qui est ».

De façon plus précise, si quelqu'un vous accuse sans preuve de mentir, demandez-vous d'où lui vient cette paranoïa. En psychologie, c'est ce que l'on appelle une projection. Le tricheur est le premier à accuser les autres de tricher. Si quelqu'un s'obstine à remettre en question vos motivations ou votre conduite, cela doit vous alerter. Combien de fois arrive-t-il qu'un jeune homme jaloux accuse sans arrêt sa petite amie de lui cacher des choses, jusqu'à ce qu'elle finisse par s'apercevoir qu'il est coupable de tout ce qu'il l'a déjà accusée de faire ?

De même, si une personne vous demande sans arrêt si vous la croyez, soyez sur vos gardes. De la même manière que le paranoïaque a toujours l'impression que tout le monde peut voir à travers lui, une personne qui ment cherche toujours à se rassurer sur le fait que vous lui faites confiance. Si votre réponse ne lui donne pas d'indication réelle de ce que vous pensez, la personne malhonnête vous dira par exemple : « Tu ne me crois pas, hein ? »

Un principe fiable : les gens qui disent la vérité s'attendent généralement à ce qu'on les croie.

Indice 27

Le célibataire

Quand vous essayez d'évaluer la sincérité de votre interlocuteur, sachez s'il porte surtout son attention à l'intérieur de lui-même ou à l'extérieur. Supposons, par exemple, qu'un homme entre dans un bar en espérant y rencontrer une femme. S'il se considère lui-même comme quelqu'un de séduisant, il portera son attention sur la femme. Au contraire, s'il a une mauvaise image de lui-même, il portera surtout son attention sur l'impression qu'il peut donner. En d'autres termes, l'objet essentiel de son attention sera fonction de son degré de confiance en lui-même.

De la même manière, celui qui croit à ce qu'il dit portera son attention sur la façon dont vous comprenez ce qu'il vous raconte, plutôt que sur l'image qu'il peut vous donner de lui-même. Il s'agit d'un indice subtil, mais dont nous pouvons trouver des exemples dans notre vie de tous les jours. Quand votre préoccupation est simplement de faire passer un message, vous voulez être sûr que votre interlocuteur comprend ce que vous êtes en train de lui dire. Si, au contraire, vous essayez de tromper la personne ou de lui dissimuler quelque chose, votre préoccupation est d'ordre interne : vous vous souciez de l'impression que vous lui donnez, c'est-à-dire de votre voix et de votre apparence, au moment où vous lui relatez les « faits ». Vous êtes alors conscient de chacun de vos mots et de vos mouvements. Vous faites en sorte d'être perçu d'une certaine façon. La différence est subtile, mais la distinction est de taille.

Indice 28

Une dimension en plus ou en moins dans la réponse

Voici l'indice évident d'une histoire qui sonne faux. Aussi soigneux qu'il puisse être dans sa manière de vous raconter les détails d'un événement, le menteur néglige souvent un élément crucial : le point de vue ou l'opinion d'une autre personne. Cela suppose d'enrichir sa pensée d'une dimension supplémentaire, et le menteur n'est souvent pas assez intelligent pour y parvenir. Il pourra inclure d'autres personnes dans son récit, mais pas leurs *idées*. Supposons que vous demandiez à votre petite amie où elle était hier soir. Elle vous répond qu'elle a été obligée de terminer tard sa journée de travail, mais vous doutez de sa sincérité. Vous tâchez donc d'obtenir d'elle davantage de précisions, et vous lui demandez comment elle a fait pour son dîner. Elle peut vous faire une de ces deux réponses :

1. « Oh, je n'avais pas vraiment faim, alors je suis simplement rentrée à la maison et j'ai regardé la télé avec ma colocataire. Elle a fait des pâtes, mais je n'y ai pas touché. »

2. « Oh, je n'avais pas vraiment faim, alors je suis simplement rentrée à la maison et j'ai regardé la télé. Ma colocataire a vraiment été surprise de me voir sauter un repas, surtout son fameux gratin de pâtes. »

Ces deux réponses contiennent à peu près la même information, mais dans la seconde, il y a une dimension supplémentaire : la réaction de sa copine. Notre intuition nous incite à penser que cette réponse est plus crédible que la première et a davantage de chances d'être sincère. Certes, ce n'est pas parce qu'une réponse n'inclut pas le point de vue d'autrui qu'elle est nécessairement mensongère, mais l'inclusion du point de vue d'autrui est souvent le signe que l'on vous dit la vérité.

Indice 29

Tout a très bien marché !

Dans une histoire qui n'est pas vraie, il manque presque toujours un élément : ce qui ne s'est pas bien passé. Des faits fabriqués comportent rarement le moindre détail négatif. Le menteur se soucie de raconter une histoire bien ficelée, et pour l'essentiel, il pense de façon unidimensionnelle. Il va donc généralement s'en tenir à des pensées immédiates, qui seront positives. La négation n'est pas une émotion immédiate. C'est un peu comme si je vous disais « Ne pensez pas à un éléphant » : vous ne pouvez pas ne pas y penser. Pour pouvoir traiter l'information, vous avez d'abord besoin de penser à un éléphant. Demandez à un ami de vous raconter ses dernières vacances. Il évoquera les aspects positifs comme les aspects négatifs : par exemple, les bons restaurants, mais aussi les problèmes d'avion. Ensuite, demandez à quelqu'un d'inventer un séjour qu'il n'a pas fait : vous remarquerez qu'en général, tous les éléments du récit sont positifs. Dans les voyages inventés, les avions partent et arrivent à l'heure et les bagages ne se perdent pas.

Cet indice a cependant un point faible : si la personne invente une histoire pour expliquer les raisons de son retard ou de sa défection, il y aura évidemment des éléments négatifs. L'indice ne sera donc pas exploitable.

Indice 30

Y a-t-il quelque chose que vous aimeriez savoir ?

Parfois, un bon menteur sait s'y prendre pour donner des réponses qui paraissent sincères. Cependant, même le meilleur menteur se trahira en ne posant pas les bonnes questions. La raison à cela est que, pour le menteur, la conversation n'est pas réelle. En fin de compte, il n'a rien à apprendre. Il veut seulement vous convaincre qu'il est sincère. Ainsi, par exemple, au cours de leur première rencontre intime, Julien demande à sa nouvelle petite amie si elle a déjà passé un test VIH. Elle lui répond « Oh, oui, bien sûr », et ajoute quelque chose sur les check-up annuels, les dons de sang, etc. Et puis, c'est tout ! Or, si elle se souciait de sa propre santé comme sa réponse le laisse entendre, elle lui aurait posé à son tour la même question. Souvent, le menteur ne se rend pas compte que pour paraître sincère, il ne faut pas seulement répondre aux questions mais aussi en poser.

Le profil psychologique : points à retenir

- Nous avons tendance à voir le monde comme un reflet de ce que nous sommes. Si votre interlocuteur vous accuse de quelque chose, interrogez-vous sur sa propre sincérité.
- Demandez-vous si la principale préoccupation de votre interlocuteur est d'ordre interne ou externe. Celui qui croit à ce qu'il dit se préoccupe davantage de la façon dont vous comprenez son message et se soucie moins de son apparence à vos yeux.
- Dans le récit d'un menteur, le point de vue d'autrui est souvent absent.
- Un menteur qui invente une histoire a tendance à faire abstraction des aspects négatifs.
- Un menteur tâche de répondre à vos questions mais ne songe pas à en poser à son tour.

Section 7 :
Les signes généraux d'une tromperie

Nous allons maintenant étudier divers indices de tromperie qui sont très fiables et peuvent servir de façon indépendante ou en conjonction avec d'autres indices.

Indice 31

Ouf, c'est fini !

Au cours d'une conversation, observez et écoutez attentivement ce qui se produit au moment où l'on change de sujet. Votre interlocuteur est-il soudain plus satisfait ? Semble-t-il plus détendu ? Peut-être même va-t-il sourire ou rire nerveusement.

Faites attention à sa posture : est-il plus détendu, moins sur la défensive ? La rapidité et l'intensité du changement d'humeur de la personne sont révélatrices de l'embarras que lui procurait le sujet précédent. Celui qui a été accusé d'un forfait abominable alors qu'il est innocent retournera les accusations et cherchera à obtenir que l'on approfondisse le sujet, tout de suite ou plus tard. N'oubliez pas que c'est le coupable qui veut changer de sujet : l'innocent, au contraire, préfère toujours continuer à échanger des informations.

Indice 32

Comment peut-on oser m'accuser ?

Lorsqu'une personne est accusée d'un méfait sérieux et ne paraît pas indignée et offensée dans son honneur, c'est un signe très fiable qu'elle a été prise au dépourvu. Il a été dit qu'au cours des étapes préliminaires du procès d'O. J. Simpson, les détectives avaient trouvé étrange que Simpson ne semble pas outragé par l'accusation de meurtre de son ex-femme et de l'ami de celle-ci, Ron Goldman.

Accusé, le menteur reste peu expressif, comme un lycéen face aux réprimandes de son proviseur. Pas d'expression de surprise. Le menteur se préoccupe davantage de ce qu'il va répondre que de l'accusation elle-même.

Indice 33

Ne croyez jamais quiconque vous dit une chose pareille

N'avez-vous jamais rencontré quelqu'un qui commençait ses phrases de façon insistante par des expressions du genre « Pour être honnête », « Pour être tout à fait franc » ou « Pour vous dire la vérité » ? Celui qui dit la vérité n'a pas besoin de vous en convaincre avant d'en venir aux faits. Certains ont l'habitude de s'exprimer de cette manière, mais de telles expressions signifient littéralement que tout ce qui a précédé était mensonger et que votre interlocuteur fait maintenant une pause pour vous dire enfin une chose vraie. Si de telles formules ne font pas partie de sa façon habituelle de s'exprimer, soyez sur vos gardes ! Celui qui a l'intention de vous dire la vérité ne commencera généralement pas ses phrases de cette manière. S'il éprouve le besoin de vous préciser qu'il est honnête et que vous allez maintenant savoir toute la vérité, vous pouvez être à peu près sûr du contraire.

Cet indice peut aussi prendre la forme de la question récurrente et toujours assommante : « Pourquoi vous mentirais-je ? » Si vous recevez ce genre de réponse à une accusation que vous avez formulée, méfiez-vous. La personne accusée a sans doute une excellente raison de mentir.

Personne ne vous dira jamais « je mens ». Une affirmation du style « je ne mens jamais » doit toujours susciter le doute. Quand une personne éprouve le besoin de vous préciser qu'elle est vertueuse, c'est qu'il n'existe aucun autre moyen de s'en convaincre. Elle peut très bien vous mentir effrontément. L'honneur de l'individu parle de lui-même. Si quelqu'un vous annonce qu'il est la personne la plus honnête que vous puissiez rencontrer, ne soyez pas sur vos gardes : fuyez-le comme la peste.

Indice 34

Une réponse bien prête

Si la réponse de votre interlocuteur vous semble bien pensée et bien structurée, il y a de bonnes chances pour qu'il se soit attendu à votre question et qu'il ait pris le temps d'arranger les choses à sa convenance. S'il vous semble remarquable qu'un certain nombre de détails reviennent à sa mémoire avec tant de facilité, c'est le signe qu'il a préparé sa réponse. Supposons, par exemple, que l'on demande à Julie ce qu'elle avait fait un certain jour, il y a deux mois, et qu'elle réponde : « Je suis allée à mon travail, je suis repartie du bureau à cinq heures et demie, je suis passée par la boulangerie, le fromager et le cours des halles, et je suis rentrée chez moi, il devait être sept heures moins le quart. »

Les enquêteurs de police connaissent cet indice et l'exploitent avec profit. Supposons qu'un enquêteur interroge un suspect. Si celui-ci est capable de se rappeler où il était et ce qu'il a fait à telle ou telle date, deux ans auparavant, il y a quelque chose qui ne va pas. La plupart d'entre nous ne se souviennent plus du menu de leur déjeuner de la veille !

Par ailleurs, une réponse préparée est souvent pour la personne un moyen de vous fournir une information que vous n'avez jamais demandée mais qu'elle tient à porter à votre connaissance. Les hommes politiques sont connus pour répondre à des questions qui ne leur ont pas été posées. Ils ont des informations à donner, qu'ils délivreront quelles que soient les questions qui leur seront posées. Parfois, ils ne se donneront même pas la peine de reformuler la question : ils se contenteront de partir dans la direction qui leur convient. Ainsi, au cours du procès pour viol de William Kennedy Smith, l'oncle de celui-ci, Ted Kennedy, avait été cité comme témoin de la défense. En l'espace de quelques minutes, Ted Kennedy, appelé à témoigner sur les faits auxquels il avait assisté au jour dit, s'était mis à raconter l'histoire de sa famille, la mort de ses frères et les diverses tribulations de sa vie personnelle. La cour en était comme hypnotisée. Il est difficile de dire si cette façon d'évoquer l'aura et l'histoire troublante de la famille Kennedy au bénéfice de l'accusé avait été déterminante, mais Smith avait été déclaré non coupable.

Indice 35

Pourriez-vous répéter la question ?

Plutôt que d'hésiter ou de bafouiller, votre interlocuteur peut recourir aux expressions qui suivent pour se donner du temps et préparer sa réponse, ou pour changer carrément de sujet. Chacune de ces formulations sert à retarder la réponse. Ainsi, par exemple, vous demandez son âge à quelqu'un et il vous répond : « Quel âge me donnez-vous ? » À l'évidence, la réponse que vous lui ferez aura une influence sur la sienne. Voici les exemples les plus courants :

1. « Pourriez-vous répéter la question ? »
2. « Tout dépend de quelle façon on envisage la chose. »
3. « Où voulez-vous en venir, exactement ? »
4. « Qu'est-ce qui vous incite à poser ce genre de question ? »
5. « Où avez-vous entendu dire cela ? »
6. « D'où ça vient, ça ? »
7. « Pourriez-vous être plus précis ? »
8. « Comment osez-vous me demander ce genre de chose ? »
9. « Je crois que vous savez aussi bien que moi ce qu'il en est. »
10. « Eh bien, ce n'est pas si simple. »
11. « Très bonne question. Cela mérite qu'on y réfléchisse. »
12. « Êtes-vous capable de garder un secret ? C'est bien. Moi aussi. »
13. « Je ne suis pas sûr que ce soit le meilleur endroit pour en parler. »
14. La personne vous répète votre propre question, histoire de paraître incrédule. Ainsi, par exemple : « Est-ce que je vous ai vendu un chiot qui était malade ? C'est bien ce que vous me demandez ? »

Indice 36

Trop peu plausible

Vous connaissez l'expression « trop beau pour être vrai » ? Au cours du procès d'O. J. Simpson, le détective Mark Fuhrman avait déclaré sous serment, à la barre des témoins, qu'au cours des dix dernières années, il n'avait jamais utilisé un adjectif spécifiquement relatif à la race. Presque personne – y compris parmi les membres du jury – ne l'avait cru. On l'aurait trouvé bien plus crédible s'il avait reconnu avoir utilisé ce genre d'adjectif de temps à autre tout en le regrettant. Qu'il affirme n'avoir jamais prononcé de tels mots quel que soit le contexte, cela semblait très peu plausible. De fait, il fut prouvé par la suite qu'il avait menti, et il fut obligé de recourir au Cinquième amendement pour éviter de se compromettre. Si quelque chose vous semble peu vraisemblable, tâchez d'en savoir un peu plus long – même si la personne vous semble convaincante.

Indice 37

Ne croyez surtout pas...

Il y a aussi les mensonges au niveau de l'implication plutôt que de l'expression. Au cours de la campagne présidentielle de 1960 aux États-Unis, Richard Nixon avait voulu rappeler aux Américains que son adversaire, John F. Kennedy, n'était pas protestant mais catholique. Son idée était que cette information pourrait mettre les électeurs mal à l'aise, sachant que les Américains n'avaient encore jamais eu un président catholique. Or, en mentionnant de façon trop directe la religion de son adversaire, il aurait fait mauvais effet. Il trouva plus sage de déclarer : « Je ne veux surtout pas que les gens s'abstiennent de voter pour Kennedy parce qu'il est catholique. » L'intention était évidemment différente du contenu littéral du message, mais c'était habile de sa part. Cependant, cette tentative s'est révélée futile.

Chaque fois qu'une personne prend soin de vous préciser ce qu'elle *ne fait pas*, vous pouvez être sûr qu'au contraire, c'est précisément ce qu'elle *fait*. En réalité, tout est dans le préambule. Marc avait rencontré une femme par annonce. Le lendemain, elle lui avait expliqué au téléphone qu'elle serait très prise par son emploi du temps pendant les deux semaines à venir, mais qu'elle ne voulait pas qu'il s'imagine que c'était un truc pour éviter de le revoir. Or, si telle n'avait pas été son intention, elle n'aurait eu aucune raison de dire cela. Quand on vous dit « Je ne veux pas vous blesser, mais… », vous pouvez être sûr que la personne en question ne voit aucun inconvénient à vous blesser.

Une autre façon habile de mentir par implication consiste à donner au mensonge la forme d'un démenti. Supposons qu'un agent artistique tente de convaincre un directeur de casting de recruter son client, John Jones, à la place d'un autre acteur qui s'appelle Sam Smith. L'air de rien, l'agent mentionne dans sa conversation le fait qu'il ait aperçu Sam le mois dernier dans un centre de désintoxication, mais en ajoutant qu'il a entendu dire que celui-ci, en réalité, rendait visite à un ami. Dès lors, le directeur de casting va se demander si Sam n'aurait pas un problème avec l'alcool ou avec la drogue. Si l'agent avait simplement dit que Sam était en cure de désintoxication, le directeur de casting se serait interrogé sur ce qui le motivait à mentionner ce fait. En mentionnant la chose sous la forme d'un démenti, l'agent artistique sème l'inquiétude sans s'attirer de soupçons.

Voyons un autre exemple. Vous entendez dire : « Il a des problèmes de couple, mais ça n'a rien à voir avec le nouveau travail de sa femme. » Quelle est alors la première question que vous avez envie de poser ? « Que fait sa femme ? » Et vous voilà précisément dans le sujet qui est « censé » n'avoir aucun rapport avec les faits. Habile, non ? Ne vous laissez pas mener en bateau !

Indice 38

Ne soyez pas ridicule

Méfiez-vous de ceux qui se servent de l'humour ou du sarcasme pour désamorcer vos préoccupations. Ainsi, par exemple, vous demandez à l'un de vos commerciaux s'il a rencontré les concurrents et il vous répond : « Bien sûr. Nous nous rencontrons tous les jours dans un entrepôt secret. Pour y entrer, il faut connaître la bonne combinaison de coups à frapper sur la porte. C'est là que nous préparons l'écroulement de votre empire. » Ce genre de réponse vous dissuade de pousser plus loin votre recherche d'information, et il le sait bien. Quand vous posez une question sérieuse, vous devez obtenir une réponse directe.

Indice 39

Rupture de stock

Ne vous est-il jamais arrivé qu'un vendeur vous déclare qu'un autre produit est meilleur que celui que vous demandez ? En fin de compte, il se trouve que le produit que vous vouliez est en rupture de stock. À l'évidence, si le vendeur vous avait dit qu'il avait le produit que vous lui demandiez mais qu'il préférait vous montrer quelque chose de mieux encore, il aurait été bien plus crédible. En résumé, avant de croire celui qui vous propose quelque chose de mieux, vérifiez d'abord qu'il dispose bien de ce que vous lui avez demandé initialement. Dans le cas contraire, mieux vaut ne pas le croire.

Indice 40

Les similitudes de nombres

Peut-être connaissez-vous cette maxime : « Quand on ment, il faut avoir de la mémoire. » Un menteur, pour ne pas sembler hésitant, va réfléchir vite et essayer de se rappeler ce qu'il est en train de dire, si bien qu'il va citer des nombres sans se rendre compte qu'ils sont identiques ou multiples les uns des autres. Si l'on prend l'exemple d'un entretien d'embauche, cela peut donner le dialogue suivant :

Recruteur : Combien d'années d'expérience avez-vous dans la gestion hôtelière ?

Éric : Entre mes trois expériences, cela fait environ six ans au total.

Recruteur : Pourriez-vous me dire quelques mots de cette expérience ?

Éric : Eh bien, chez Untel, je faisais des semaines de soixante heures. Je dirigeais une équipe de douze personnes…

Sachez repérer ce genre de similitudes improbables dans l'information, dans les faits et dans les chiffres.

Indice 41

Les signes de la nervosité

Nous pouvons maîtriser certains de nos gestes, mais les indices suivants sont des réactions involontaires sur lesquelles nous n'avons pas de contrôle :

Le syndrome de la réponse de combat ou de fuite. Le visage de votre interlocuteur change de couleur ; en cas de peur sérieuse, il peut pâlir. Sachez déceler les signes d'une respiration accélérée ou d'une transpiration accrue. Remarquez aussi s'il essaie de contrôler sa respiration et de se calmer. Dans ce cas, il se mettra à inspirer et à expirer de façon profonde et audible.

Les tremblements de la voix et du corps. Regardez si ses mains tremblent. S'il cache ses mains, c'est peut-être pour dissimuler des tremblements incontrôlables. Il se peut que sa voix se brise ou devienne instable.

La difficulté d'avaler. Souvent, pour exprimer la peur ou une forte déception, les acteurs de cinéma simulent la difficulté d'avaler – d'où l'expression « s'étrangler ». Si la personne s'éclaircit la gorge, c'est aussi un signe. Sous l'effet de l'anxiété, le mucus s'accumule dans la gorge. Un orateur qui est mal à l'aise aura tendance à s'éclaircir la voix avant de prendre la parole.

On vire contralto. Les cordes vocales, comme tous les autres muscles, se contractent sous l'effet du stress. La voix devient plus aiguë.

Pardon, vous dites ? Sous l'effet du stress, nos capacités de concentration ont tendance à s'amoindrir. Ne vous est-il jamais arrivé d'être présenté à une personne et d'oublier son nom aussitôt ? Sachez repérer les signes de distraction et d'incapacité d'accorder de l'attention à ce qui se passe.

Celui qui sifflote. Il semble que tout le monde siffle pour se détendre en cas de crainte ou d'anxiété. C'est une tentative inconsciente de se donner du courage et de la confiance en soi. Chez la plupart des gens, la nervosité se manifeste par des gestes particuliers. Cela peut consister à se frotter une oreille ou à afficher un sourire simulé, afin de se redonner confiance.

Indice 42

Rusé !

Le principe fondamental du judo est de ne pas opposer la force à la force, mais de tirer parti de la force de l'adversaire pour la retourner contre lui. Ici, il s'agit de ceux qui, au lieu de se placer sur la défensive ou d'argumenter, se servent simplement de vos propres mots pour défendre leurs propres dires.

Supposons qu'un vigile surveille une zone d'accès restreint. Contrôler l'identité des visiteurs fait partie de ses attributions. « Je ne suis pas sûr que vous ayez le droit d'entrer », dit-il à un homme qui tente de passer. « Je n'en suis pas étonné, répond celui-ci, très peu de gens sont au courant de mon niveau d'autorisation. Le travail que je fais ici n'est censé être connu de personne. »

Avez-vous compris comment, de façon verbale, cet homme a rapidement désarmé le garde ? S'il avait commencé à insister et à prétendre avoir l'autorisation d'entrer, il se serait heurté à une forte résistance. Au lieu de cela, il approuve ce que dit le vigile et il lui explique que la raison pour laquelle celui-ci a cru qu'il n'avait pas d'autorisation est précisément la raison pour laquelle il en a une.

C'est en recourant au même genre de technique qu'une société produisant des petits pains surgelés a résolu un problème de marketing. Cette société voulait donner à ses produits une image de fraîcheur, c'est-à-dire une caractéristique qui, pour la plupart d'entre nous, est le contraire du produit surgelé. Quelle solution a-t-elle trouvé ? Le slogan suivant : « Ils ont meilleur goût parce qu'ils sont surgelés. » Quand une personne essaie de se servir d'un fait évident pour donner du crédit à une assertion douteuse, ne vous laissez pas berner.

Indice 43

L'alibi moral

Ce truc est si intelligent et si convaincant que vous allez probablement vous rendre compte qu'on s'en est déjà servi souvent pour faire disparaître vos soupçons. Son efficacité est liée à la nature humaine. Nous éprouvons tous, de façon inhérente, un besoin d'ordre, de continuité et de cohérence.

Celui qui trompe va démontrer une inclinaison morale sur un point particulier afin que l'on considère ses autres actes sous le même angle. Ce sera plus parlant avec un exemple. Supposons que Fred, directeur financier d'une grande société, craigne que vous vous doutiez de ses malversations. Il sait que vous ne disposez pas de preuves réelles, mais il voudrait vous égarer. Comment va-t-il s'y prendre ? Il va, par exemple, critiquer en votre présence un autre salarié à qui il va reprocher d'avoir « emprunté » des fournitures de bureau pour son usage personnel. Ainsi, à vos yeux,

Fred passera pour une personne d'une grande moralité, qui s'indigne d'une chose aussi secondaire que le vol de quelques fournitures de bureau. Vous vous direz qu'une telle personne ne peut sûrement pas se rendre coupable de malversations financières à grande échelle.

Sachant que son mari la soupçonne (à juste titre) d'avoir un amant, une femme pourra lui dire : « Chéri, tu te rappelles, Simon, le mari de Léa ? Eh bien, on m'a dit qu'il y a des bisbilles entre eux parce que Simon a embrassé une collègue au pot de Noël. À mon avis, elle ferait mieux de plaquer cette ordure. Qui sait ce qu'il a pu faire d'autre ? Et même sans ça, qu'est-ce qu'il a dans la tête ? Quel idiot ! »

En entendant cela, son mari aura de sérieux doutes concernant le risque qu'elle lui soit un jour infidèle.

Indice 44

Au fait...

Si votre interlocuteur mentionne avec désinvolture un fait qui mériterait qu'on lui accorde davantage d'attention, soyez sur vos gardes. Ainsi, par exemple, votre petite amie vous dira : « Oh, à propos, le week-end prochain, j'ai un voyage d'affaires. » Si elle n'a pas l'habitude de partir en voyage d'affaires le week-end, vous devriez vous attendre à ce qu'elle discute avec vous du côté inhabituel de l'événement. Si elle en relativise l'importance, il y a là de quoi éveiller vos soupçons.

Quand votre interlocuteur s'abstient d'attirer votre attention sur un fait qui sort de l'ordinaire, cela signifie qu'il s'efforce au contraire d'en détourner votre attention. Habituellement, ce n'est pas sans raison. Une autre technique consiste à mentionner une longue liste d'éléments en espérant qu'un de ces éléments passera inaperçu. Les magiciens savent bien que la réussite de leurs tours tient à la manière dont ils savent diriger votre attention là où ils le désirent. Dès qu'on s'efforce d'attirer votre attention d'un côté, tâchez de voir ce qui se passe de l'autre.

Indice 45

Des mensonges à la pelle

Quand vous prenez quelqu'un en flagrant délit de mensonge, il est logique de remettre en doute tout ce qu'il a pu dire précédemment. Supposons que vous soyez sur le point d'acheter une voiture et que le vendeur vous dise qu'il vous faut vous décider vite, car deux autres clients s'y intéressent et que c'est la dernière du stock. Vous pouvez lui répondre : « On m'a dit que ce modèle perdait sa valeur moins vite que la plupart des autres, est-ce que c'est vrai ? » ou bien : « J'ai entendu dire qu'ils allaient augmenter nettement le prix du modèle de l'année prochaine. » Un vendeur honnête, s'il n'a pas entendu parler de ce genre d'information, doit alors exprimer des doutes. S'il s'empresse d'approuver, cela signifie qu'il est prêt à vous dire n'importe quoi pour conclure la vente – et cela signifie aussi qu'il n'y a probablement aucun autre client intéressé, contrairement à ce qu'il vous affirme. Dans la mesure du possible, tâchez de savoir si cette personne n'a pas la réputation d'être malhonnête. L'honnêteté fait partie du caractère, et le caractère n'est pas quelque chose qui se change facilement.

Indice 46

Un truc dingue !

« Devine ce qui vient de m'arriver ! Tu ne vas pas me croire ! » Combien de fois n'avons-nous pas entendu ce genre d'exclamation ? Notre bon sens nous dit que pour être cru, nous devons rendre notre histoire ou notre explication aussi crédible que possible. Il en est généralement ainsi, mais pas toujours. Parfois, plus une histoire est invraisemblable et plus facilement on y croit. Pour quelle raison ? Parce que nous nous disons en nous-mêmes : « Si cette personne voulait me mentir, elle aurait trouvé quelque chose de moins tiré par les cheveux. » Par conséquent, le menteur va habilement enjoliver son histoire et vous dire : « Ne croyez-vous pas que si j'avais voulu vous mentir, j'aurais trouvé quelque chose de plus crédible ? Un truc pareil, ça ne s'invente pas. » En réalité, c'est précisément ce qu'il vient de faire.

Les signaux à retenir d'une tromperie : points importants

- La personne se sent mieux et est plus détendue dès que l'on change de sujet.
- Elle n'est pas indignée d'être accusée, même faussement.
- Elle emploie des expressions du genre « Pour dire la vérité », « Pour être tout à fait honnête » ou « Pourquoi vous mentirais-je ? ».
- À votre question, elle a une réponse toute prête, précise et détaillée.
- Elle temporise en vous demandant de répéter la question ou en répondant à votre question par une autre question.
- Ce qu'elle dit semble peu plausible.
- En préambule, elle commence par « Je ne veux pas que tu t'imagines... » alors que, souvent, c'est précisément ce qu'elle veut que vous pensiez.
- Elle recourt à l'humour ou au sarcasme pour désamorcer vos préoccupations.
- Elle prétend vous proposer « mieux » que ce que vous lui demandez, alors qu'elle n'est pas en mesure de satisfaire votre demande initiale.
- Quand elle cite des données chiffrées, ce sont les mêmes chiffres qui reviennent, ou bien les chiffres sont des multiples les uns des autres.
- Du fait de son anxiété, la personne manifeste des signes involontaires de nervosité.
- La personne se sert d'une évidence pour donner du crédit à un acte douteux.

- Elle glisse négligemment dans son discours un fait qui mériterait davantage d'attention.
- Elle exprime avec vigueur sa désapprobation d'un acte similaire d'une tierce personne, afin que vous ne la soupçonniez pas.
- Si elle a menti sur quelque chose, il convient de douter de tout ce qu'elle a dit d'autre.
- Elle vous raconte une histoire si invraisemblable que vous avez peine à y croire ; cependant, vous y croyez, car vous pensez que si elle avait voulu vous mentir, elle aurait trouvé quelque chose de plus crédible.

Les grands mensonges
ont toujours un goût amer…

2

Devenez un détecteur de mensonges

« La tromperie, qui se nourrit de l'ignorance,
brode avec désinvolture autour de la vérité
et entraîne sa victime sur la voie
d'un regret fatal. »

David J. Lieberman

Dans ce chapitre, vous trouverez un système élaboré et exhaustif de questions qui vous permettra de savoir la vérité, quelle que soit la personne à qui vous avez affaire. Souvent, nous nous engageons dans une lutte verbale sans préparation. Incapables de penser avec clarté et de communiquer nos idées de façon efficace, nous nous rendons compte avec deux jours de retard de ce que nous aurions dû dire.

Vous pouvez tirer parti des indices de tromperie dans les situations et dans les conversations de tous les jours. Cependant, dans certaines situations, il est particulièrement important de savoir la vérité. Dans ce chapitre, vous trouverez une série de questions vous permettant d'obtenir pratiquement la garantie de savoir : (a) si l'on vous ment et (b) quelle est la vérité, lorsqu'elle n'est pas évidente compte tenu du mensonge. Il s'agit d'une procédure que j'ai pu mettre au point grâce aux résultats de mes recherches sur le comportement humain. Les trois phases qui suivent, utilisées dans l'ordre, seront pour vous le meilleur moyen de savoir la vérité.

Aperçu

Phase 1. Trois amorces de plan d'attaque

Cette technique permet parfois, à elle seule, de démasquer le coupable. Dans le cas contraire, vous n'avez rien perdu de votre avantage et vous pouvez passer à la phase 2. Les amorces servent à tester la vulnérabilité de la personne et à évaluer sa sensibilité par rapport à un sujet particulier.

Phase 2. Onze plans d'attaque

Cette phase est constituée d'un plan d'attaque directe et de dix autres plans possibles. Utilisez celui qui sera le plus adapté à la situation. Ces programmes soigneusement détaillés vous donnent les meilleures chances de parvenir à la vérité. Vous constaterez que tout dépend de la manière dont vous formulez votre demande (de ce qui précède la demande elle-même et de ce qui la suit). Tout est dans le contexte !

Phase 3. Onze balles en or

Il s'agit des munitions dont vous allez vous servir si vous n'êtes pas encore satisfait. Il se peut que vous sachiez à quoi vous en tenir avec votre interlocuteur, mais qu'il n'ait pas encore avoué. Si vous avez le sentiment qu'on vous a menti, mais si les aveux réels ne viennent pas, vous pouvez recourir à cette phase supplémentaire pour savoir la vérité. Vous pouvez tirer ces balles dans l'ordre que vous voulez, mais certaines peuvent neutraliser l'effet des autres. Choisissez donc à l'avance celles qui seront les plus appropriées à la situation.

Comment procéder

La phase 1 vous permet de préparer votre intervention. Ensuite, à la phase 2, vous choisissez un des onze plans d'attaque. Si, après avoir appliqué votre plan d'attaque, vous n'avez pas obtenu des aveux complets, tirez vos balles en or l'une après l'autre. Vous serez réellement surpris des résultats.

Si j'emploie des termes comme *arsenal*, *armes* ou *balles* qui font penser à la guerre, cela n'a rien d'étonnant. Compte tenu de la situation, ils sont appropriés. Un mensonge peut faire beaucoup de dégâts. Votre objectif, c'est de vous protéger. Il faut donc considérer le processus de détection de la tromperie comme ce qu'il est véritablement : une bataille verbale. À partir de maintenant, quand vous vous lancerez dans la bataille, vous serez très bien armé.

Phase 1 :
Trois amorces de plan d'attaque

La plupart des gens connaissent le test mis au point en 1921 par Hermann Rorschach. Ce test est constitué de dix taches d'encre formant chacune une symétrie bilatérale, imprimées chacune sur une feuille différente. Ce sont des formes abstraites qui n'ont aucune forme ni signification particulière. On les montre l'une après l'autre à la personne. Pour simplifier, le principe du test de Rorschach est que l'interprétation que la personne fera de ces formes révélera ses pensées inconscientes ou sublimées.

Pour nos amorces, nous nous référons aux mêmes principes de psychologie, mais nous les utilisons d'une façon tout à fait nouvelle : afin de savoir ce que la personne a en tête, vous lui administrez un test abstrait sous forme *verbale*. Elle révèle alors ses intentions véritables à travers ses commentaires et/ou ses gestes.

Amorce 1

N'accusez pas : faites allusion

Quand vous demandez carrément à quelqu'un « M'avez-vous menti ? », vous le mettez sur la défensive. Ici, l'objectif est de lui poser une question sans l'*accuser* de quoi que ce soit, mais en faisant *allusion* à un comportement possible.

Si la personne ne perçoit pas l'allusion, elle n'est probablement pas coupable. Au contraire, si elle se met sur la défensive, c'est qu'elle *sait* où vous voulez en venir. Or, elle ne peut le savoir qu'en étant coupable de ce dont vous la soupçonnez. En effet, une personne qui serait innocente ne devrait avoir aucune idée de ce à quoi vous faites allusion.

La question ne doit pas ressembler à une accusation et ne doit pas non plus être trop générale. Ainsi, par exemple, si vous soupçonnez quelqu'un d'un meurtre, vous n'allez pas lui demander : « Vous n'auriez pas tué quelqu'un le week-end dernier, par hasard ? » D'un autre côté, une question comme « Avez-vous passé une bonne journée ? » est trop générale.

La question doit être calibrée de telle façon que la personne soupçonne vos intentions si et seulement si elle est coupable. Si elle ne l'est pas, elle n'aura pas une réaction inhabituelle, elle réagira simplement comme si la question sortait de l'ordinaire. Demandez à votre voisin si des extraterrestres ont atterri sur sa pelouse, et vous ne devrez pas vous attendre à une réponse sérieuse de sa part. Il vous répondra de façon humoristique ou s'esclaffera tout simplement, mais vous ne vous attendez sûrement pas à ce qu'il vous réponde : « Pourquoi vous me demandez cela ? Qu'est-ce qu'on vous a dit ? » Pour une question censée être absurde, une telle réponse serait vraiment étrange.

Quand vous posez une question à votre interlocuteur, soyez pragmatique. Vous ne devez pas le pousser à se mettre sur la défensive, à moins qu'il ait une raison de le faire. Soyez attentif à tous les indices de tromperie, en particulier lorsqu'un coupable continue d'ajouter des informations à mesure qu'elles lui viennent à l'esprit, sans que vous le sollicitiez.

À présent, tout ce que cette personne peut avoir en tête se révélera dans la conversation qui va suivre. Si elle est innocente de ce dont vous la soupçonnez, elle répondra machinalement à vos questions. Au contraire, si elle est coupable, elle voudra savoir ce que vous pensez, afin d'être fixée sur la raison pour laquelle vous lui posez la question : dans ce cas, elle vous questionnera sur votre question.

Exemples de formulations

Il s'agit de formuler une question qui semblera tout à fait innocente à une personne innocente, mais qu'une personne coupable percevra comme une accusation.

SOUPÇON : Vous pensez que votre salarié a été renvoyé de son emploi précédent parce qu'il volait son employeur.

QUESTION : « Êtes-vous toujours en contact avec votre ancien employeur ? »

SOUPÇON : Il vous semble que votre petit(e) ami(e) vous a fait une infidélité la nuit dernière.

QUESTION : « Y a-t-il eu quelque chose de particulier hier soir ? »

SOUPÇON : Vous pensez qu'un collègue est allé dire à votre secrétaire que vous en pincez pour elle.

QUESTION : « Tu n'aurais pas entendu parler récemment d'un bon potin ? »

Toute réponse du genre « Pourquoi ? » ou « Qui vous a dit cela ? » est le signe d'une inquiétude chez la personne. Or, si elle n'a pas l'idée que votre question a un but particulier, elle n'a pas de raison de chercher à obtenir de vous une information. Par ailleurs, savoir pourquoi vous lui posez cette question ne devrait pas l'intéresser, sauf si elle pense que vous savez peut-être ce qu'elle ne veut pas que vous sachiez.

Amorce 2

Un scénario similaire

L'amorce consiste à parler d'un scénario similaire à celui que vous soupçonnez. Pour cela, vous pouvez procéder de deux manières : en utilisant l'amorce 2, qui consiste à entrer dans le vif du sujet, ou en utilisant l'amorce 3 qui consiste à rester plus dans la généralité. C'est efficace, car vous amenez le sujet sans accuser.

SOUPÇON : Vous soupçonnez un de vos commerciaux d'avoir menti à un client pour pouvoir conclure la vente.

QUESTION : « Daniel, je me demandais si vous ne pourriez pas m'aider sur quelque chose. Je me suis rendu compte que quelqu'un de la direction commerciale avait donné à des clients une image fausse de nos produits. À votre avis, comment pourrions-nous tirer cela au clair ? »

S'il est innocent, il essaiera sans doute de vous conseiller et sera content que vous lui ayez demandé son avis. S'il est coupable, il paraîtra mal à l'aise et il vous assurera qu'il ne ferait *jamais* une telle chose. Dans les deux cas, vous avez déjà progressé dans votre enquête.

SOUPÇON : Le directeur d'un hôpital soupçonne un médecin d'avoir bu alors qu'il était de garde.

QUESTION : « Docteur Marcus, je voudrais vous demander un conseil. J'ai une collègue, dans un autre hôpital, qui a un problème avec un de ses médecins. Elle a l'impression qu'il boit pendant ses heures de garde. Auriez-vous une idée de la façon dont elle pourrait aborder ce sujet avec le médecin en question ? »

Là encore, s'il est coupable, il sera très mal à l'aise. Dans le cas contraire, il appréciera qu'on lui demande conseil et n'hésitera pas à proposer quelque chose.

Amorce 3

Incroyable, non ?

Avec cette amorce, vous amenez également le sujet, mais de façon plus générale. Cela vous permet d'avoir une idée claire sur l'innocence ou la culpabilité de la personne.

SOUPÇON : Vous pensez qu'un étudiant a triché à l'examen.

QUESTION : « N'est-ce pas incroyable, que quelqu'un puisse tricher à un examen et ne pas avoir remarqué que j'étais derrière lui pendant tout ce temps-là ? »

SOUPÇON : Vous soupçonnez un collègue de dire du mal de vous à votre supérieur hiérarchique.

QUESTION : « C'est incroyable, la façon dont certains vous plantent un couteau dans le dos, non ? Et ceux qui vous font ça ne pensent même pas que ça va revenir aux oreilles de la personne concernée. »

SOUPÇON : Vous pensez que votre petite amie vous est infidèle.

QUESTION : « C'est incroyable de voir la façon dont une personne peut tromper son homme et ne pas s'attendre à ce qu'il la prenne sur le fait. »

Là encore, si la personne vous fait une réponse du genre « Pourquoi dis-tu cela ? » ou « Qui t'a parlé de ça ? », vous avez la preuve qu'elle se sent concernée.

Parfois, il n'est pas nécessaire de confondre le menteur. Nous voulons simplement savoir ce qu'il en est. Dans ce cas, il n'est pas utile de suivre le plan d'attaque jusqu'au bout. Il vous suffit d'utiliser les amorces pour satisfaire votre propre curiosité, ou d'utiliser les techniques du chapitre 3 pour recueillir discrètement l'information nécessaire.

Note : Pour les amorces 2 et 3, il existe deux autres réponses possibles. La personne peut commencer à parler du sujet en termes généraux, ou bien elle peut changer complètement de sujet. Si elle change de sujet, c'est un signe flagrant de culpabilité. En revanche, si la personne est innocente mais si elle trouve votre question intéressante, il se peut qu'elle poursuive la conversation sur ce sujet. C'est là un signe convaincant de son innocence : elle ne craint pas d'évoquer ce sujet et ne se préoccupe pas de savoir pourquoi vous l'avez lancé.

Phase 2 :
Onze plans d'attaque

Dimanche matin, 9 heures. Vous êtes encore au lit et l'on sonne à la porte de votre appartement. Tout en marmonnant, vous vous levez, vous enfilez votre peignoir et vous vous traînez jusqu'à la porte. Vous ouvrez la porte et vous vous retrouvez face à face avec une jeune femme souriante et dynamique, qui brandit une affichette et une pétition et vous demande si vous avez trente secondes à lui accorder. Dix minutes plus tard, vous refermez la porte et vous retournez vous coucher tout en vous demandant comment vous avez pu accepter de donner dix euros à cette femme pour sauver le pélodyte ponctué, alors que vous n'aimez même pas les crapauds. À l'évidence, un certain élément vous a conduit à accepter d'échanger une chose que vous aimez (votre argent) contre une chose à laquelle vous n'attachez pas d'importance particulière (les crapauds). Cet exemple montre que, parfois, c'est en fonction du contexte de la sollicitation et non pas de la sollicitation elle-même qu'une personne va être disposée à coopérer ou à résister.

Plan d'attaque 1

Le questionnement direct

La méthode la plus directe est parfois la meilleure. Quand vous posez une question directe, le seul inconvénient, c'est que vous ne pouvez plus utiliser aucun autre plan avant d'avoir laissé passer un délai considérable.

Étape 1. Posez directement votre question. Pour obtenir de votre interlocuteur l'information souhaitée, suivez ces six recommandations :

1. Ne lui donnez aucune indication à l'avance du sujet que vous allez aborder, et ne laissez paraître

aucun sentiment de méfiance. Les questions imprévues sont les plus difficiles pour lui. Par conséquent, si c'est lui qui aborde le sujet, posez-lui votre question *après* ce qu'il vous aura éventuellement déclaré. Sa malhonnêteté sera difficile à déceler dans les cas suivants :

• S'il a déjà eu l'occasion de répondre à la même question. Formulez votre question d'une façon nouvelle. Ne posez pas la même question à plusieurs reprises. Il resterait sur sa position et c'est lui qui vous convaincrait. En variant votre façon de l'interroger, vous avez davantage de possibilités de déceler sa malhonnêteté.

• S'il sait que vous allez lui poser cette question. Ne lui donnez aucune indication à l'avance de ce que vous avez en tête.

• S'il sait déjà ce qu'il va vous dire, comme un acteur qui dit ses répliques. Ce ne sont pas ses propres mots et vous pouvez vous en apercevoir : il récite un script. Si vous le laissez faire, bientôt vous pleurerez et rirez avec lui. Quels que soient ses dons de comédien et le travail de préparation qu'il a pu réaliser, il s'agit de l'en faire sortir.

• S'il pense qu'il a raison de vous mentir. Dans ce cas, les indices de culpabilité disparaissent. Celui qui croit devoir dire ce qu'il dit – même s'il ne croit pas à ce qu'il dit – le dit avec conviction.

• S'il a le sentiment que l'enjeu est nul, ou faible. Dans ce cas, il sera trop serein pour que les indices de nervosité puissent vous servir. Il vous restera cependant la plupart des autres indices à rechercher.

• S'il est atteint de troubles mentaux sévères, auquel cas il n'a pas la notion du bien et du mal.

2. Ne lui révélez jamais le premier ce que vous savez. Interrogez-le afin d'accumuler l'information et de voir si elle est cohérente avec ce que vous savez déjà. Pendant la Seconde Guerre mondiale, les Anglais avaient réussi à déchiffrer le code secret Enigma utilisé par les Allemands. Ils avaient ainsi appris qu'une attaque était imminente sur la ville de Coventry. Cependant, si Churchill en avait fait évacuer les habitants, les Allemands auraient su que les Anglais avaient déchiffré leur code et ils l'auraient changé. Pour Churchill, c'était évidemment un dilemme. Il y avait d'un côté la vie des habitants de Coventry, et de l'autre, les avantages considérables en perspective de la connaissance des plans de guerre de l'armée allemande. Churchill décida de ne pas avertir la population, et il y eut des centaines de morts. Avec un peu de chance, vous ne vous retrouverez jamais confronté à un dilemme comparable, mais vous comprenez qu'il est des fois où il est préférable de ne pas révéler sa situation : même si cela doit occasionner de lourdes pertes à court terme.

Il importe de ne pas perdre de vue l'objectif global. C'est de cette façon que vous amènerez votre interlocuteur à faire une gaffe et à vous révéler une information contradictoire. Au contraire, s'il sait quelle est l'information dont vous avez déjà connaissance, il pourra arranger son histoire pour qu'elle soit cohérente avec ce que vous savez.

3. La manière dont vous vous présentez peut avoir une grande influence sur l'attitude de l'autre personne. Des choses simples, comme le fait de déboutonner votre manteau ou de décroiser les bras, peuvent faire que votre interlocuteur sera moins sur la défensive. La cordialité permet de se sentir plus à l'aise et de s'ouvrir. Elle instaure la confiance et vous permet de créer un lien psychologique entre l'autre personne et vous. Elle favorise une conversation positive et vous permet d'être plus convaincant. Pour créer une relation de confiance, vous avez trois moyens efficaces :

• **L'harmonisation de la posture et des mouvements.** Si votre interlocuteur garde une main dans la poche, mettez, vous aussi, la main dans votre poche. S'il fait un geste de la main, au bout d'un moment, l'air de rien, faites le même geste.

• **L'harmonisation du discours.** Adaptez votre façon de parler à la sienne. S'il parle lentement, d'un ton calme, faites de même. Si son débit est rapide, parlez, vous aussi, avec un débit rapide.

• **L'harmonisation des mots-clés.** S'il a tendance à utiliser certains mots ou certaines expressions, employez-les également. Ainsi, par exemple, s'il dit « Notre offre est conçue pour être extrêmement profitable pour les deux parties », vous pourrez glisser dans la conversation, un peu plus tard, quelque chose du genre : « J'apprécie que l'offre soit conçue pour être extrêmement profitable... » Il ne faut cependant pas qu'il ait l'impression que vous l'imitez. Les imitations trop voyantes n'apportent rien de bon. Contentez-vous de refléter simplement certains aspects du comportement ou du discours de votre interlocuteur. Quand vous aurez pris l'habitude de le faire, vous aurez acquis un nouveau talent qui pourra vous être très utile.

Plus tard, au cours de votre questionnement, vous passerez à l'étape 4. Cela vous permettra de mettre votre interlocuteur mal à l'aise et de changer de stratégie. Cependant, au début, il ne s'agit pas de le mettre mal à l'aise. Il s'agit de créer un contexte dans lequel il n'aura une raison d'être mal à l'aise que s'il a fait quelque chose de mal. Ainsi, toute réponse ou tout acte résultant d'une anxiété sera le produit de sa duplicité et non pas du contexte.

4. Les détecteurs de mensonges fonctionnent à partir de ce que l'on appelle une valeur de base, qui correspond au niveau normal d'anxiété de la personne. Dans la mesure du possible, faites quelque chose de similaire. Posez une question dont vous savez qu'elle produira une réaction similaire à celle à laquelle vous vous attendez. Il s'agit de savoir si certains types de comportement sont habituels chez cette personne, et de déterminer la façon dont elle répond à une question facile, pour disposer ainsi d'un point de référence, à défaut de bien la connaître. En d'autres termes, si cette personne a l'habitude de

gesticuler avec les bras quel que soit le sujet dont elle parle, mieux vaut le savoir.

5. Vous devez adopter une posture détendue et non menaçante, mais essayez tout de même de prendre une position de défi et de confrontation. Cela vous permettra d'exploiter certains indices du langage corporel (voir chapitre 1, sections 1 et 2).

6. N'interrompez jamais votre interlocuteur. Lorsque c'est vous qui parlez, vous ne pouvez plus rien apprendre. Posez des questions ouvertes. Cela vous permettra d'obtenir des réponses plus longues.

Si vous n'obtenez pas la réponse que vous recherchez, passez à l'étape suivante.

Étape 2. Le silence. Tout d'abord, ne répondez pas du tout. En général, cela incite l'interlocuteur à continuer à parler. Ce sont les coupables qui détestent le silence. Il les met mal à l'aise. Le silence est aussi ce qui vous donne une chance de détecter d'autres indices, par exemple un changement de sujet, un rire forcé, de la nervosité, etc.

Si vous n'obtenez pas la réponse que vous recherchez, passez à l'étape suivante.

Étape 3. Vraiment ? Dès que votre interlocuteur a fini sa réponse, dites : « Vraiment ? » Ce simple mot vous permet d'évaluer une même réponse de deux manières. Il ne sait pas encore ce que vous pensez de sa réponse, mais la vôtre ne lui en donne aucun indice. Elle l'oblige à répéter la sienne. Vous allez alors guetter des indices comme la montée de sa voix à la fin de la phrase (voir indice 25), qui indiquerait qu'il recherche inconsciemment une confirmation.

Si vous n'obtenez pas la réponse que vous recherchez, passez à l'étape suivante.

Étape 4. La mort subite. Pour continuer, demandez-lui : « Y aurait-il quelque chose qui vous pèserait sur le cœur ? » Cela le mettra sur la défensive. Vous pouvez alors guetter les indices qui apparaissent quand la personne est moins à l'aise, du fait que vous venez de commencer à mettre en doute sa crédibilité. Une telle question perturbe réellement les gens, car la réponse ne peut être que non. Or, maintenant que vous avez changé le ton de la conversation, votre interlocuteur a reçu un choc.

Si vous n'obtenez pas la réponse que vous recherchez, passez à la phase 3.

Plan d'attaque 2

Canalisez les réponses de votre interlocuteur

Étape 1. Posez une question directive. Posez-lui une question l'obligeant à mentionner une chose qui lui paraît positive et à laquelle il ne verra pas d'inconvénient à répondre avec sincérité. Cette technique consiste à canaliser votre interlocuteur. Ainsi, par exemple, supposons que vous vouliez savoir si votre petit ami est sorti hier soir. Si vous lui posez une question trop directe, il percevra votre inquiétude et il sera tenté de vous mentir. Demandez-lui plutôt : « Tu es bien rentré à deux heures du matin, n'est-ce pas ? » S'il n'est pas sorti, il se sentira libre de vous le dire. Si, au contraire, il est sorti, votre question lui donnera l'impression qu'une réponse affirmative de sa part n'est pas choquante. Le problème n'est pas de savoir s'il est vraiment rentré à deux heures du matin, mais d'obtenir sa réponse à une réelle question.

Prenons un autre exemple. Supposons que vous vouliez savoir si votre fiancée vous a déjà trompé. Demandez-lui : « Tu n'as été avec un autre homme qu'*avant* qu'on se fiance, c'est bien ça ? » Là encore, vous lui indiquez une réponse acceptable et elle sent que sa confirmation va vous rassurer. Même si elle répond oui, elle peut très bien vous avoir trompé aussi *après* la date de vos fiançailles. Si vous voulez le savoir également, faites-en l'objet de votre prochaine attaque. Après avoir laissé passer un certain laps de temps, vous pouvez par exemple lui demander : « Je sais que tu as été obligée de faire un compromis avec tes principes, mais quand nous serons mariés, je veux être sûr que je pourrai te faire confiance. Dès que nous serons mariés, tu y renonceras, n'est-ce pas ? »

Si vous n'obtenez pas la réponse que vous recherchez, passez à l'étape suivante.

Étape 2. Tu plaisantes ! À présent, vous allez déstabiliser complètement votre interlocuteur et le mettre dans une situation telle qu'il ne saura plus comment vous répondre. Vous allez sembler déçu de sa façon de vous répondre. Cela l'obligera à repenser sa réponse et à trouver plus facile de vous dire la vérité. Vous lui direz par exemple : « J'espérais que tu y renoncerais. Je t'en prie, dis-moi que tu y as renoncé, que je puisse me dire que c'est du passé. »

Si vous n'obtenez pas la réponse que vous recherchez, passez à l'étape suivante.

Étape 3. Ça ne marchera pas. Là, vous allez faire comprendre à la personne que dans tout ce que vous aviez pensé d'elle jusqu'à présent, vous vous faisiez sans doute des illusions. Le seul moyen pour elle de vous montrer qu'elle est bien la personne que vous pensiez sera d'avouer. Dites-lui par exemple : « Je pensais que tu étais quelqu'un qui avait le goût de l'aventure, quelqu'un qui savait profiter un peu de la vie. »

Si vous n'obtenez pas la réponse que vous recherchez, passez à la phase 3.

Plan d'attaque 3

La distorsion du temps

Ce plan est fondé sur plusieurs principes de psychologie et produit des résultats vraiment remarquables.

À titre d'explication, nous utiliserons l'exemple suivant. Supposons que votre femme vous téléphone à votre travail pour vous prévenir que votre fils de quinze ans a pris la voiture, histoire de s'amuser un peu, et que c'est la police qui vient de le ramener. Il y a là de quoi être secoué. Cependant, nous allons envisager la même situation, à un détail près. Dans le courant d'une autre conversation, votre femme vous révèle que votre fils, aujourd'hui âgé de vingt-cinq ans, avait commis cette bêtise *il y a dix ans*. Votre réaction devrait être nettement moins vive. Pourquoi ? Parce que depuis, le temps a passé.

Voyons maintenant le revers de cet exemple. Si un garçon a emprunté la voiture de ses parents sans leur permission il y a dix ans, il estime sans doute pouvoir en parler aujourd'hui en toute impunité – et même y trouver matière à plaisanter – et il ne craint sûrement pas d'en être puni. S'il avait pris la voiture de ses parents la veille, il n'oserait certainement pas en parler à ses parents de façon aussi désinvolte.

Le temps est un facteur psychologique non négligeable qui peut changer considérablement notre façon de voir les choses. Les deux éléments essentiels de ce facteur sont la date de l'événement et la date à laquelle vous en avez connaissance. Quand l'un de ces facteurs ou les deux facteurs se déplacent vers le passé, l'événement n'est plus d'actualité, et cela lui donne une importance d'autant moindre.

Scénario A : vous soupçonnez votre femme d'avoir un amant

Étape 1. Amenez le sujet. L'air de rien, faites en sorte d'orienter la conversation sur la tromperie. Ensuite, de façon très désinvolte, plaisantez à propos de l'aventure que vous soupçonnez votre femme d'avoir eue. Elle vous demandera de quoi vous voulez parler.

Étape 2. Ce n'est pas une affaire. Vous paraissez assez surpris de voir qu'elle se sent concernée et vous lui répondez : « Oh, mais je sais cela depuis longtemps. Veux-tu que je te dise comment je l'ai découvert ? » Cette question a pour effet de déplacer radicalement l'enjeu de la conversation. Se sentant totalement hors de danger, elle va alors chercher à satisfaire sa curiosité. Elle pense désormais que votre relation n'en a pas souffert, bien que vous soyez au courant de cette histoire depuis un bon moment.

Si vous n'obtenez pas la réponse que vous recherchez, passez à l'étape suivante.

Étape 3. J'apprécie ce que tu as fait. Si elle continue à nier, dites-lui : « Je croyais que tu savais que j'étais au courant, mais que tu voulais me préserver, car tu savais que j'avais bien compris que ce n'était qu'un accident et que je n'aurais vraiment pas envie qu'on en parle. » Dès lors, il est encore plus tentant pour elle d'avouer, car ce faisant, elle a l'impression qu'elle est une personne chic et que pendant tout ce temps, elle a agi de façon louable sans même le savoir.

Scénario B : vous volerait-on de l'argent ?

Étape 1. Amenez le sujet. Discutez avec un des employés. De façon désinvolte, orientez la conversation sur le vol, et dites-lui : « Oh, j'ai su dès le début ce qui se passait. »

Étape 2. Ce n'est pas une affaire. « Vous saviez forcément que j'étais au courant. Autrement, comment croyez-vous que vous auriez pu vous en tirer pendant si longtemps ? J'espère que vous ne me prenez quand même pas pour le dernier des imbéciles. » (C'est une bonne formule, parce qu'après tout ce qu'il vient d'entendre, il n'aura pas envie de paraître vous insulter.)

Étape 3. J'apprécie ce que vous avez fait. « Je sais bien que si vous avez continué, c'est parce que vous aviez peur de ce que feraient les autres. Vraiment, il n'y a pas de problème. Je sais que vous n'êtes pas ce genre de personne. » Vous voyez comment cela fonctionne ? En avouant, il aura l'impression d'être quelqu'un de recommandable, d'être le genre de personne que son patron voit en lui.

Si vous n'obtenez pas la réponse que vous recherchez, passez à la phase 3.

Plan d'attaque 4

Droit au but – on tire dans le noir

Étape 1. Amenez le sujet. Vous pouvez utiliser ce plan quand votre intuition vous dit que quelque chose ne va pas, mais sans que vous soyez sûr de savoir de quoi il s'agit et sans que vous disposiez de preuves sur lesquelles vous appuyer. Avec ce plan, votre interlocuteur est obligé de parler de ce qu'il pense avoir fait de mal. Vous serez surpris de ses révélations. N'oubliez pas que vous devez conserver votre position et ne lâcher prise que lorsque vous aurez obtenu de véritables aveux. Il nous est arrivé à tous de faire des choses dont nous ne soyons pas fiers. Cette technique d'interrogation permet véritablement de débloquer des verrous. Vous êtes en position de force, car c'est vous qui maîtrisez la conversation : vous avez toutes les cartes en main. C'est à votre interlocuteur de déterminer ce qu'il a fait de mal et de trouver un moyen d'arranger les choses. Commencez par amener le sujet : restez assez froid et distant, comme si vous étiez préoccupé par une question sérieuse. Ainsi, il s'empressera d'essayer de trouver un moyen d'expliquer son « erreur ».

Étape 2. Je suis bouleversé. Dites par exemple : « Je viens de découvrir quelque chose et j'en suis vraiment bouleversé (ou choqué, ou surpris). Je sais que vous allez me mentir et que vous allez tenter de nier, mais je voulais seulement que vous sachiez que je suis au courant. » Ce n'est pas la même chose que de dire « Ne me racontez pas de mensonges ». En disant « Je sais que vous allez me mentir », vous affirmez : (a) qu'il est coupable de quelque chose et (b) que vous savez de quoi il s'agit. Dès lors, le problème est simplement de savoir s'il va avouer ou non. Remarquez que vous ne lui demandez rien. En lui disant « Ne me racontez pas de mensonges », vous lui indiqueriez que vous ignorez la vérité, et ce faisant, vous affaibliriez votre propre position.

Si vous n'obtenez pas la réponse que vous recherchez, passez à l'étape suivante.

Étape 3. Maintenez votre position. Dites-lui : « Je crois que nous savons tous les deux de quoi il retourne. Il faut creuser l'abcès, je vous écoute. »

Si vous n'obtenez pas la réponse que vous recherchez, passez à l'étape suivante.

Étape 4. Continuez de maintenir votre position. Répétez des formules comme « Je suis sûr que cela va vous revenir » ou « Plus j'attends et plus je sens que je deviens dingue ».

Si vous n'obtenez pas la réponse que vous recherchez, passez à l'étape suivante.

Étape 5. Un peu de pression sociale. Le moment est venu d'ajouter un peu de pression sociale. Cela vous permet de lui faire comprendre que votre affirmation est un *fait* et non pas une suspicion. « Nous en avons tous parlé. Tout le monde est au courant. » Votre interlocuteur aura alors envie de savoir qui est au courant et comment cela s'est su. Dès lors qu'il essaiera d'obtenir cette information, vous aurez la preuve qu'il est coupable.

Plan d'attaque 5

Qui ça, moi ?

Étape 1. Amenez le sujet. Ce plan est efficace quand vous estimez être fondé à supposer que la personne est coupable, bien que vous n'en ayez pas de preuves réelles. Ainsi, par exemple, supposons que la maison de Frank ait été cambriolée. Il a rompu récemment avec une jeune femme et il a la conviction que c'est elle la coupable. Cependant, il n'en est pas certain. Elle avait une clé de chez lui, et la seule chose qui a disparu, ce sont deux ou trois bijoux de valeur qui étaient bien cachés. Ce pourrait être aussi la femme de ménage, ou bien l'électricien qui est intervenu très récemment. Il n'est pas impossible non plus que ce soit un inconnu. Il serait vain d'appeler son ex-petite amie pour l'accuser. Elle nierait avoir la moindre connaissance de ce qui s'est produit, et il n'aurait toujours aucune preuve. Il choisit plutôt de procéder comme suit.

Il lui téléphone pour l'informer, sur un ton qui n'est pas du tout accusateur, que sa maison a été visitée et que certains objets ont disparu. S'efforçant de se montrer surprise, elle lui demande ce qui est arrivé. Ce qui suit est un court exemple du genre de conversation qu'ils auront alors.

Frank : Les policiers ont l'intention d'interroger toutes les personnes qui ont eu accès à la maison. Dans la mesure où tu as toujours une clé, ils vont vouloir te parler. Simple routine, certainement. Naturellement, tu ne fais pas partie des suspects.

Son ex-petite amie : Mais je ne sais rien de tout cela !

Frank : Oh, je sais bien. C'est ainsi qu'ils procèdent, je suppose. De toute façon, j'ai un voisin qui affirme avoir retenu une partie du numéro d'immatriculation d'une voiture qui était près de chez moi à ce moment-là.

Son ex-petite amie *(après une longue pause)* : Eh bien, comme j'étais dans le quartier, je me suis simplement arrêtée pour voir si tu étais là. Mais tu n'étais pas là et je suis repartie, c'est tout.

À ce stade, elle a justifié sa présence au moment des faits, mais ce faisant, ce qu'elle a révélé est soit une coïncidence étonnante soit sa culpabilité. Si elle était innocente, elle n'aurait eu aucune raison de poursuivre sur ce sujet. Elle vient donc de fournir une nouvelle preuve.

Frank : Ah bon ? Bah, ils ont pris aussi des empreintes. Ça devrait faire progresser l'enquête.

Son ex-petite amie : Quelles empreintes ?

Frank : Eh bien, des empreintes digitales, dans la maison, et…

Elle lui dit alors qu'il se pourrait que ce soient les siennes, dans la mesure où elle était encore dans la maison il n'y a pas longtemps. Il sait déjà qu'elle est coupable, mais il faudra encore dix minutes pour qu'elle craque et qu'elle avoue : elle prétendra d'abord être simplement entrée, et un peu plus tard, elle avouera aussi qu'elle a pris les bijoux.

Étape 2. Informez sans accuser. Informez négligemment votre suspect de la situation.

Étape 3. Énoncez des preuves pour qu'elles soient réfutées. À mesure que vous énoncez des preuves, voyez si chacune de vos déclarations suscite chez votre interlocuteur des explications sur la façon dont ces faits pourraient être mal interprétés. Ainsi, par exemple, supposons que vous soupçonniez un collègue d'avoir détruit certains de vos fichiers afin d'espérer vous ravir une promotion. Vous aborderez le sujet en l'informant que vous ne retrouvez plus certains fichiers importants. Ensuite, vous lui direz par exemple : « Heureusement, ma secrétaire a vu quelqu'un rôder l'autre jour près du destructeur de documents. Elle dit qu'elle a reconnu le visage de la personne mais qu'elle ne sait pas quel est son nom. » À ce moment, voyez s'il évoque une raison pour laquelle on pourrait le confondre avec le « vrai coupable ». Il vous racontera peut-être qu'il était allé détruire des documents à lui. Or, une personne qui n'aurait rien à se reprocher n'éprouverait pas le besoin de donner des explications ni d'envisager le risque qu'on l'accuse à tort.

Si vous n'obtenez pas la réponse que vous recherchez, passez à l'étape suivante.

Étape 4. Continuez. Fournissez à votre interlocuteur d'autres faits pour susciter de nouvelles explications. En fait, dès qu'il commence à expliquer pourquoi une telle situation pourrait se produire, vous savez à quoi vous en tenir avec lui.

Si vous n'obtenez pas la réponse que vous recherchez, passez à la phase 3.

Plan d'attaque 6

Des accusations outrancières

Le principe de ce plan est d'accuser la personne d'être responsable de tous les malheurs du monde. Par ce moyen, vous obtiendrez d'elle l'aveu de ce dont elle est réellement coupable : à ce moment précis, elle en relativise l'importance, compte tenu de tout ce dont elle est accusée.

Étape 1. L'accuser de tous les méfaits possibles. De façon tout à fait outrancière, accusez votre interlocuteur de toutes les actions malhonnêtes et déloyales que vous pourrez imaginer.

Étape 2. Ajoutez-y ce dont vous le soupçonnez. À présent, vous ajoutez à vos accusations l'unique méfait dont vous croyez qu'il est réellement l'auteur. Pour tenter de se disculper des autres accusations, il va se lancer dans une explication concernant ce qu'il a fait. Naturellement, il affirmera être totalement innocent de tout le reste.

Dites-lui quelque chose du genre : « Je veux dire, ce n'est pas comme si tu avais simplement fait [ce dont vous le soupçonnez], car si ce n'était que ça, il n'y aurait pas de problème. Mais il y a tout le reste, et c'est consternant. »

Il vous fera peut-être une réponse du genre : « Mais non, je t'assure, j'ai simplement pris ce fichier parce que j'étais stressé par le patron qui voulait des résultats rapidement, d'accord, mais vendre des secrets commerciaux, jamais je ne ferais une chose pareille ! » Son seul moyen d'affirmer son innocence de tous les autres chefs d'accusation est de vous expliquer pourquoi il a fait ce dont vous le soupçonniez réellement.

Si vous n'obtenez pas la réponse que vous recherchez, passez à l'étape suivante.

Étape 3. Rapprochez-vous de lui. Il s'agit d'accroître l'anxiété du coupable. Ce mouvement lui donnera l'impression qu'il est cerné. Si vous n'obtenez pas la réponse que vous recherchez, revenez à l'étape 1 et recommencez.

Si vous n'obtenez pas la réponse que vous recherchez, passez à la phase 3.

Plan d'attaque 7

Y a-t-il une raison ?

Étape 1. Faites état d'un fait. Ici, la personne doit répondre à votre question en vous donnant une information, elle ne peut pas simplement nier. Ainsi, par exemple, vous voulez savoir si votre secrétaire n'est pas sortie hier soir, alors qu'elle était censée être malade. Votre question pourra prendre la forme suivante : « Hier, en rentrant, je suis passé devant chez vous. Y a-t-il une raison pour laquelle votre voiture n'était pas garée dans l'allée ? » Si vous lui demandiez simplement « N'êtes-vous pas sortie de chez vous hier soir ? », elle peut nier être sortie, mais en faisant intervenir un fait plausible, vous l'obligez à vous donner une réponse. Si elle est sortie hier soir, elle s'efforcera de vous donner une raison pour laquelle sa voiture n'était pas visible. Vous aurez ainsi la preuve qu'elle n'était pas alitée. Avez-vous compris le principe ? Si elle vous a menti en affirmant qu'elle était obligée de rester chez elle parce qu'elle était malade, il faut alors qu'elle vous explique où était sa voiture. Elle pourra vous dire qu'elle l'a prêtée à une amie, ou qu'elle est sortie de chez elle pour aller chercher un médicament, etc. Si elle avait vraiment été malade et alitée, elle vous aurait simplement dit que vous vous trompez, que sa voiture était dans l'allée.

Étape 2. Encore un coup. Vous voulez lui porter encore un coup, pour en avoir le cœur net ou pour obtenir une explication convaincante de votre « fait ». Dites-lui : « Oh, c'est curieux, j'ai appelé chez vous et je suis tombé sur votre répondeur. » Elle vous répondra peut-être : « Ah, oui, j'avais mis le répondeur pour pouvoir me reposer. » N'oubliez pas que si elle a quelque chose à se reprocher, elle cherchera par n'importe quel moyen à rendre son histoire cohérente avec les faits que vous mentionnez. Si elle procède ainsi, il est probable qu'elle vous ment. Maintenant, il est toujours possible qu'une amie lui ait vraiment emprunté sa voiture et qu'elle ait vraiment activé son répondeur. Cependant, il arrive un moment où ces explications commencent à avoir l'air d'être fabriquées.

Par ailleurs, étant obligée d'inventer de nouveaux mensonges pour ne pas contredire ses mensonges précédents, elle vous fournit plusieurs réponses qui sont autant d'occasions pour vous de repérer des signes de tromperie.

Si vous n'obtenez pas la réponse que vous recherchez, passez à l'étape suivante.

Étape 3. Dévisagez la personne. C'est là une arme trop peu utilisée, mais qui est pourtant formidable. Les résultats qu'elle permet d'obtenir varient en fonction de la situation. Quand vous dévisagez une personne qui est sur la défensive, elle se sent cernée. Votre regard pénètre son espace privé et induit chez elle une claustrophobie mentale. Pour s'en échapper, elle n'a qu'une chose à faire, vous dire la vérité. Fixez-la dans les yeux et reposez-lui la question.

Si vous n'obtenez pas la réponse que vous recherchez, passez à la phase 3.

Plan d'attaque 8

La confirmation d'un tiers

Ce plan d'attaque est l'un des plus efficaces, à condition que vous obteniez la coopération d'un tiers. Vous obtenez un maximum de crédibilité, car les doutes éventuels d'une tromperie de votre part disparaissent tous.

Scénario : se servir des autres pour connaîtrela vérité

Vous soupçonnez l'un de vos employés de s'être arrangé avec un collègue pour que celui-ci pointe à sa place.

Étape 1. Accusation directe. Vous obtenez la coopération d'un ami ou d'un collègue, à qui vous demandez de formuler l'accusation à votre place. Il dira par exemple au suspect : « Mélanie, j'ai eu une conversation avec Sandra, et elle m'a dit qu'elle en avait assez de voir que quelqu'un d'autre pointait à ta place pour que tu puisses partir plus tôt. »

À ce moment-là, Mélanie ne va se préoccuper que de l'attitude de Sandra, qui est censée désapprouver son manège. Votre ami est tout à fait crédible, car il ne nous vient généralement pas à l'idée de remettre en question ce type d'intervention d'un tiers.

Si vous n'obtenez pas la réponse que vous recherchez, passez à l'étape suivante.

Étape 2. Tu plaisantes ! Si elle n'avoue toujours pas, détournez son attention sur un autre point : « Tu plaisantes ! Tout le monde est au courant, mais je crois que je connais un moyen d'arranger les choses avec elle. » Voyez si elle mord à l'hameçon. Une personne qui n'a rien à se reprocher ne se préoccupera pas d'aller arranger les choses avec quelqu'un d'autre à propos d'une chose dont elle n'est pas coupable.

Si vous n'obtenez pas la réponse que vous recherchez, passez à l'étape suivante.

Étape 3. Une dernière tentative. « D'accord. Mais tu en es sûre ? » À ce moment précis, toute hésitation est vraisemblablement le signe que la personne est coupable et qu'elle tente rapidement de peser le pour et le contre.

Si vous n'obtenez pas la réponse que vous recherchez, passez à la phase 3.

Plan d'attaque 9

La réaction en chaîne

Ce plan d'attaque consiste à provoquer une réaction en chaîne dont les actes déloyaux de la personne seront le point de départ. En d'autres termes, le seul moyen pour cette personne de tirer parti des nouvelles opportunités qui lui sont offertes est de reconnaître ce qu'elle a fait précédemment. Le plan est fondé sur l'hypothèse que la malversation en question a bien eu lieu, et c'est sur la suite des événements que la conversation va être amenée. Chaque fois que vous voulez obtenir un aveu, il est préférable d'orienter la conversation sur des événements postérieurs à ce qu'elle a commis. Autrement, il y a des chances qu'elle mente ou qu'elle soit sur la défensive. Dans les deux cas, vous n'êtes pas très avancé. Au contraire, en évitant d'orienter la discussion sur ce dont la personne s'est rendue coupable, vous avez des chances de réussir à la faire reconnaître ses actes, sachant qu'elle croit que vous en avez déjà la preuve.

Scénario : des employés voleurs ?

Vous soupçonnez plusieurs employés de votre magasin de voler de l'argent dans la caisse.

Étape 1. Amenez le sujet. Au cours d'un tête-à-tête avec un des employés, dites-lui que vous cherchez à qui confier la responsabilité d'une nouvelle procédure interne de protection des établissements de la société contre le vol.

Étape 2. L'ironie de la chose. « Il nous faut quelqu'un qui ait l'expérience de la chose. Ne vous inquiétez pas, il n'y aura aucune suite vous concernant. En fait, cela fait un bon moment que nous sommes au courant, mais ce qui nous intéressait, c'était plutôt de voir comment vous vous y preniez. Vraiment impressionnant. Notre idée, c'est que dans la mesure où vous connaissez la méthode, vous serez capable de la mettre en échec. C'est vrai que notre proposition est un peu inhabituelle, mais la situation est un peu particulière. »

Il est à présent bien moins gêné de ce qu'il a fait. C'est même grâce à son forfait qu'il se voit proposer une promotion intéressante, et s'il le nie, la promotion lui passera sous le nez. Si vous savez vous montrer suffisamment convaincant, il ira même jusqu'à se vanter de son méfait.

Si vous n'obtenez pas la réponse que vous recherchez, passez à l'étape suivante.

Étape 3. Voilà ce que je leur ai dit. « Tu sais quoi, je leur ai dit que tu aurais trop peur pour qu'on puisse en parler ouvertement [remarquez l'effet désarmant d'une expression comme "en parler ouvertement" : c'est bien mieux que "avouer" ou "cesser de mentir"]. Ils n'étaient pas d'accord, mais je vois bien que c'est moi qui avais raison. »

La méthode est efficace, car dès ce moment, il a l'impression que ceux que vous désignez par « ils » (quels qu'ils soient) sont de son côté. Il va hésiter à se désolidariser d'« eux ». Voyez s'il hésite. S'il est coupable, il va peser le pour et le contre, et cela demande du temps. Un innocent n'a pas à réfléchir. Seul un coupable doit choisir entre avouer et ne pas avouer.

Si vous n'obtenez pas la réponse que vous recherchez, passez à la phase 3.

Plan d'attaque 10

Le chaînon manquant

Ce plan peut être utilisé quand vous avez votre idée de ce qui s'est passé, mais sans en connaître tous les détails. Vous lui présentez alors l'information dont vous disposez effectivement, de telle sorte qu'il croie le reste. Vous pouvez aussi employer une phrase magique, et s'il mord à l'hameçon, c'est qu'il est coupable.

Scénario : une belle-mère trop indiscrète ?

Vous pensez que votre belle-mère paye un détective pour vous prendre en filature.

Étape 1. Énumérez les faits. Dites-lui une chose que vous savez être vraie, par exemple : « Je sais que vous ne m'aimez pas beaucoup et que vous étiez contre ce mariage, mais cette fois-ci, vous êtes allée trop loin. »

Étape 2. Enchaînez avec votre hypothèse. « Je sais tout sur ce détective. Pourquoi avez-vous pensé que vous aviez besoin de faire ça ? »

Étape 3. La phrase magique. « Vous savez, j'en suis trop choqué pour pouvoir en parler maintenant. »

Si elle reste impassible, c'est qu'elle est probablement coupable. Si elle n'a aucune idée de ce à quoi vous faites allusion, vous pouvez être sûr qu'elle se moquera de savoir si vous en êtes trop choqué pour pouvoir en parler, sachant que vous n'avez aucune raison d'être choqué.

C'est si elle est coupable qu'elle tiendra compte de votre préférence, car elle n'aura pas envie de vous fâcher encore davantage. Au contraire, si elle est innocente, elle s'emportera, elle vous reprochera de l'accuser d'une chose qu'elle n'a pas faite et elle exigera qu'on en discute *sur-le-champ.*

Si vous n'obtenez pas la réponse que vous recherchez, passez à la phase 3.

Plan d'attaque 11

Accuser ou se défendre

Étape 1. Je vous en informe, c'est tout. Ici, il s'agit non pas d'accuser mais d'informer. Selon la réponse de votre suspect, vous saurez s'il est coupable ou innocent.

Ce plan consiste à étudier l'état d'esprit d'une personne à qui l'on présente une information nouvelle. Anna a subi un examen médical de routine. Son médecin lui téléphone pour lui annoncer qu'elle a contracté le virus de l'herpès. Elle songe à ses récents partenaires sexuels et elle est convaincue que le virus ne peut lui avoir été transmis que par Éric ou par Victor. Il serait sans doute vain d'aller demander à chacun des deux « suspects » s'il lui a transmis le virus en connaissance de cause, car elle peut s'attendre à ce que l'un et l'autre répondent par la négative. Heureusement, Anna est douée dans l'art de détecter les mensonges, si bien qu'elle décide de procéder autrement.

Elle leur téléphone, à l'un et à l'autre, en glissant négligemment dans la conversation qu'elle vient d'apprendre qu'elle avait un herpès. Voici les deux réponses qu'elle obtient :

Éric : Ah bon ? Mais, pourquoi tu m'appelles ? Ce n'est pas moi qui te l'ai filé ! Moi, je n'ai aucun virus.

Victor : Quoi ? Mais, tu as ça depuis combien de temps ? Tu me l'as peut-être refilé ! Mince, ce n'est pas possible ! Tu en es sûre ?

Lequel est vraisemblablement le coupable ? Éric ? Bien sûr ! Apprenant que son ancienne partenaire est atteinte d'une maladie facilement transmissible et incurable, il se met sur la défensive : il se sent accusé de la lui avoir transmise. S'il ne se préoccupe pas immédiatement de sa propre santé, c'est parce qu'il sait *déjà* pertinemment qu'il est contaminé. Victor, au contraire, réagit en supposant qu'Anna l'appelle pour l'informer qu'elle risque de l'avoir contaminé. Il s'énerve parce qu'il commence à craindre pour sa propre santé, contrairement à Éric qui cherche simplement à faire croire à Anna qu'il n'est pas le coupable.

Prenons un autre exemple. Nous allons supposer que vous travaillez au service après-vente d'un magasin de matériel informatique. Un client rapporte une imprimante en panne et demande un échange en affirmant qu'il l'a achetée il y a seulement quelques jours. Il présente les documents nécessaires, et l'imprimante est dans son emballage d'origine. Cependant, en examinant rapidement la machine, vous vous apercevez qu'il lui manque un composant qui coûte cher et qui est facile à ôter, et que son absence explique clairement que la machine ne fonctionne pas correctement. En informant le client de cette découverte, vous pouvez obtenir deux réponses possibles :

Réponse 1 : « Ce n'est pas moi qui l'ai enlevé. Elle était comme ça quand je l'ai achetée. » (réponse défensive)

Réponse 2 : « Comment ? Mais alors, vous m'avez vendu une imprimante incomplète ? Et moi qui ai passé deux heures à essayer de faire marcher ça ! » (réponse offensive)

Efficace, n'est-ce pas ? La personne qui fait la réponse 2 a de bonnes raisons d'être mécontente, et il ne lui vient pas à l'esprit qu'on pourrait l'accuser de quoi que ce soit. Au contraire, la personne qui fait la réponse 1 n'a même pas *essayé* de faire fonctionner l'imprimante, puisque c'est elle qui a retiré le composant en question. Il ne lui vient pas à l'idée de se fâcher. Elle suppose elle-même qu'on lui attribue le sabotage et se met sur la défensive alors qu'on l'informe simplement qu'il manque quelque chose.

Si vous n'obtenez pas la réponse que vous recherchez, passez à la phase 3.

Phase 3 :
Onze balles en or : comment savoir la vérité sans avoir besoin de l'arracher à votre interlocuteur

Vous pouvez utiliser ces onze balles en or dans l'ordre ou dans le désordre, l'une après l'autre, jusqu'à ce que vous ayez obtenu la réponse que vous vouliez. Elles sont conçues de telle sorte que vous obteniez des aveux de votre interlocuteur. Si ces balles peuvent être tirées dans n'importe quel ordre, certaines présentent cependant entre elles une incompatibilité. Il convient donc de déterminer lesquelles sont les plus appropriées dans une situation donnée et d'en faire usage dans un ordre adéquat.

Quand vous les utilisez, vous devez susciter l'enthousiasme et la confiance. Elles sont plus efficaces lorsque vous êtes vous-même tout à fait sincère. Évitez donc de commettre les erreurs décrites dans la partie consacrée aux indices. En effet, ces indices de tromperie fonctionnent dans les deux sens. Si vous veillez à ne produire vous-même aucun de ces indices, votre interlocuteur vous fera confiance, à la fois au niveau conscient et au niveau inconscient. N'oubliez pas qu'il doit croire ce que vous allez lui dire. Si vous formulez une menace, il faut qu'elle soit crédible. Dans le cas contraire, votre interlocuteur ne mordra pas à l'hameçon. Pour inspirer la confiance, utilisez les techniques suivantes :

- Regardez votre interlocuteur dans les yeux.
- Servez-vous de vos mains pour donner plus de poids à votre message.
- Ayez une gestuelle fluide et qui soit cohérente avec la conversation.
- Tenez-vous droit : ne soyez pas avachi.

- Ne commencez pas vos phrases par des expressions du genre « À dire vrai », « Pour être honnête avec vous », etc.
- Affrontez votre interlocuteur. N'ayez aucun mouvement de recul.

Et n'oubliez pas la carotte !

« Et voilà Lucky... » On entend souvent cette annonce au début d'une course de lévriers. Lucky est le nom familièrement donné au lapin artificiel qui court devant le peloton et qui incite les chiens à courir plus vite. Les menteurs sont un peu comme les chiens, il leur faut quelque chose qui les incite à avouer. L'incitation est bien plus efficace quand on sait comment l'utiliser. Pour que votre interlocuteur passe aux aveux, il faut qu'il perçoive un avantage précis, immédiat, évident et décisif à le faire. Vous ne pouvez pas simplement lui expliquer quel est l'intérêt pour lui d'être sincère, ni quel est l'inconvénient à continuer de mentir : il faut que l'avantage soit pour lui réel, assez réel pour qu'il puisse l'entendre, le sentir, le toucher du doigt. Permettez-lui d'éprouver pleinement le plaisir de la sincérité et la peine du mensonge. Cherchez à solliciter tous ses sens, et surtout la vue, l'ouïe et la sensation du mouvement. Donnez-lui des images à voir, des sons à entendre et des sensations qu'il puisse presque sentir. Il faut que l'expérience soit la plus réelle possible.

Le meilleur moyen d'y parvenir consiste à aborder en premier les aspects positifs, ensuite les aspects négatifs, puis à présenter un choix. Ce type de représentation doit aller de pair avec les balles en argent.

Ainsi, par exemple, supposons que vous enquêtiez auprès de l'un de vos salariés que vous soupçonnez d'avoir détourné de l'argent de votre société. Vous pourriez vous adresser à lui de cette manière : « Matthieu, il faut que tu me dises tout*, pour que ce soit une affaire réglée entre nous. Écoute, mon vieux, j'ai des projets pour toi. Tu sais, le bureau en angle avec un sol en marbre vert et un bar tout en miroirs ? Eh bien, je crois que dans peu de temps, c'est toi qui seras assis derrière ce grand bureau en chêne, et tu dirigeras ta propre division. Naturellement, tu auras ta propre assistante : Catherine, certainement. Et chaque matin, en arrivant, tu pourras garer ta voiture sur l'un des emplacements réservés. Tu iras aussi au dîner mensuel des directeurs, et tu pourras aussi utiliser la maison de vacances de la société aux Baléares. »

Voyez-vous comment des images peuvent aider Matthieu à s'imaginer dans une nouvelle situation ? Sa promotion « logique » est ainsi devenue une expérience émotionnelle.

---

* Employer ainsi l'adverbe « tout » est plus efficace que demander à votre interlocuteur d'avouer, ou de dire la vérité. En lui demandant de tout vous dire, vous ne sous-entendez pas qu'il vous a menti et vous lui accordez du crédit, comme si vous misiez sur son honnêteté. Il lui suffit dès lors d'un petit effort supplémentaire pour être parfaitement honnête. Au contraire, en lui demandant de vous dire la vérité, vous lui demanderiez d'inverser sa position initiale qui était celle du menteur, et c'est bien plus difficile à obtenir.

Ensuite, vous, le patron de Matthieu, vous marquez une pause, vous soupirez, et de votre ton le plus paternel, vous finissez votre monologue : « Malheureusement, tout cela ne sera jamais qu'un rêve si nous ne tirons pas au clair cette histoire de trou dans la comptabilité. Prendre l'argent, c'est une chose : les erreurs, nous en faisons tous. J'en fais, tu en fais, tout le monde en fait. Mais je ne peux pas garder un type malhonnête dans ma société. Si tu attends que je tire moi-même les conclusions d'un audit des comptes, même si ça doit être dur pour moi, tu te retrouveras à la porte, vite fait. Et tu sais comment ce genre d'information se propage. Tu auras beaucoup de mal à retrouver un travail. Chaque jour, tu chercheras à droite et à gauche et tu verras les portes se refermer devant toi, l'une après l'autre. Ça, je n'aimerais pas me retrouver chaque soir à ta place devant ta femme, à lui expliquer que cette fois-ci la chance n'a pas été au rendez-vous, pas plus qu'hier et avant-hier. Alors, comment tout cela va-t-il se terminer ? Le beau bureau en angle et un brillant avenir ? Ou bien, la disgrâce et la douleur d'avoir tout perdu ? »

Surtout, soyez cohérent

Votre message doit rester cohérent. N'oubliez pas que nous communiquons tous à deux niveaux : au niveau verbal, et au niveau non verbal. Ainsi, par exemple, si vous présentez un ultimatum, faites en sorte que votre communication non verbale soit cohérente avec vos paroles. Si vous dites à une personne que vous en avez « par-dessus la tête de [ses] mensonges » mais en restant ensuite immobile devant elle, vous ne serez pas très convaincant. Dans un tel exemple, vous devez vous lever et vous diriger résolument vers la sortie. Vous pourrez toujours revenir plus tard sur le sujet en adoptant une nouvelle stratégie. Il faut que votre conduite reflète toujours l'intensité et la passion que vous mettez dans votre message.

Un petit conseil : Dans votre discours, utilisez toujours le nom de votre interlocuteur. En effet, les gens ont tendance à écouter plus attentivement et à répondre avec moins de réticence quand ils entendent leur nom.

Balle en or 1

Tu crois que tu as mal agi ?
Attends de savoir ce que je vais te dire !

Cette technique est efficace, parce qu'elle oblige le menteur à penser de façon émotionnelle et non logique. Il se sent moins coupable, car il a l'impression qu'il n'est pas seul, et en suscitant un peu de colère et/ou de curiosité, vous le déstabilisez. De plus, il a l'impression d'échanger des informations avec vous, et non pas de vous donner quelque chose sans contrepartie.

Comment formuler votre demande : « La raison pour laquelle je te pose ces questions est que j'ai fait moi aussi des choses dont je ne suis pas fier. Je peux comprendre comment tu as pu... d'une certaine façon, cela me soulage. Maintenant, je me sens mieux. » À ce moment-là, votre interlocuteur vous demandera des précisions sur ce que vous avez fait. Insistez pour que ce soit d'abord lui qui parle. Ne cédez pas, c'est lui qui va se mettre à table.

Balle en or 2

C'était un accident. Je t'assure !

Cette technique est remarquable, car votre interlocuteur en arrive à penser qu'il serait souhaitable que vous sachiez exactement ce qui est arrivé. Il est vrai qu'il a fait quelque chose de mal, mais cela ne fait plus partie de vos préoccupations. Vous déplacez le point d'attention sur ses intentions, et non sur ce qu'il a pu faire. Ainsi, il peut plus facilement reconnaître son comportement passé et « arranger les choses » en expliquant que ce n'était pas délibéré. Il a l'impression que vous vous souciez de ses motivations. En d'autres termes, le message que vous lui faites passer est que vous vous préoccupez non pas de ce qu'il a fait mais de *la raison* pour laquelle il l'a fait.

Comment formuler votre demande : « Je peux comprendre que tu n'aies peut-être pas prévu cela. Parfois, les choses échappent à notre contrôle, et tu as dû agir sans réfléchir. C'est quelque chose que j'accepte : un accident, on peut dire ? Mais si tu l'as fait de façon intentionnelle, je pense que jamais je ne pourrai te le pardonner. Si tu ne l'as pas fait de façon intentionnelle, il faut que tu me le dises. Je t'en prie. »

Balle en or 3

Le boomerang

L'effet psychologique de cette technique est tout à fait déstabilisant. Vous dites à votre interlocuteur qu'il a fait non pas quelque chose de mal, mais quelque chose de bien. Dès lors, il ne sait plus où il en est.

Scénario A : mettez le voleur à l'aise

Vous soupçonnez Richard de voler de l'argent à la société. Vous décidez d'en avoir le cœur net, et, si cela se confirme, de savoir depuis combien de temps dure ce manège.

Comment formuler votre demande : « Hé, Richard, je crois que toi et moi, on pourrait travailler ensemble de façon très fructueuse. Il me semble que tu as empiété un peu sur mon terrain, là. Mais il n'y a pas de problème. On peut travailler ensemble, espèce de coquin. » Vous devez lui donner l'impression que ce qu'il fait vous plaît.

Scénario B : un mari trompeur

Vous soupçonnez votre mari d'avoir une aventure.

Comment formuler votre demande : « Tu sais, John, je n'ai certes pas été ravie d'apprendre ce qui se passait dans mon dos [ce début vous permet de gagner en crédibilité : en commençant par une déclaration sincère, vous rendez plus crédible ce qui va suivre], mais tu aurais dû m'en parler. J'aurais pu t'éviter beaucoup de contorsions. On pourrait peut-être s'entendre tous les trois. Ça pourrait être amusant. Alors que toutes ces cachotteries, c'est si bête. »

Là, il est soufflé. Le voilà maintenant davantage tenté de vous dire la vérité que d'agir ni vu ni connu. En d'autres termes, il lui semble désormais que ce qu'il fait lui sera plus agréable s'il joue cartes sur table. Si vos soupçons ne sont pas fondés, il va croire que vous êtes cinglée, mais quoi qu'il en soit, vous allez savoir la vérité.

Scénario C : un CV trop beau pour être vrai

Vous voulez savoir si le candidat que vous recevez dans le cadre d'un recrutement n'a pas menti dans son curriculum vitae.

Comment formuler votre demande : « Vous le savez comme moi, tout le monde arrange un peu son CV Personnellement, je suis d'avis que c'est là que l'on voit si la personne a des tripes, si elle n'a pas peur d'assumer de nouvelles responsabilités. Vous-même, dans votre CV, dans quelles parties avez-vous été le plus créatif ? »

Balle en or 4

La vérité ou les conséquences

Ici, de deux choses l'une : soit votre interlocuteur est obligé de coopérer avec vous, soit vous êtes l'un et l'autre dans une impasse. C'est l'exact opposé du boomerang. Votre interlocuteur n'a aucun intérêt à refuser de coopérer. De votre côté, vous n'avez au départ rien de tangible (vous ne savez pas la vérité), donc vous avez tout à y gagner. La parabole qui suit en est une belle illustration.

Un cultivateur un peu mesquin s'est rendu compte qu'on lui volait chaque nuit un melon, mais il ne parvient pas à coincer le voleur. Il finit par injecter un poison mortel dans un de ses melons, mais il plante un écriteau avec ce message : « À l'attention de mon voleur : j'ai empoisonné un de mes melons. En continuant, vous mettez votre vie en danger. » Le lendemain, il constate qu'aucun melon n'a disparu, mais il trouve le message suivant : « Cher producteur de melons, ce soir, moi aussi j'ai empoisonné un de vos melons. Maintenant, soit nous faisons cause commune, soit ils vont tous pourrir. »

Scénario A : une maison propre… mais plus vide

Vous soupçonnez votre femme de ménage de vous voler.

Comment formuler votre demande : « J'aimerais que cela vienne de vous. Je peux accepter ce que vous avez fait/ce qui est arrivé, mais je ne peux pas accepter des mensonges. Si vous me dites la vérité, les choses peuvent revenir à ce qu'elles étaient. Sinon, il n'y a plus aucune chance et vous perdez tout. »

Vous ne pouvez pas laisser la personne tirer profit de ce qu'elle a fait, à moins qu'elle avoue. Dès lors, le seul moyen pour elle d'arranger la situation est d'avouer et de se montrer coopérative.

La personne peut alors plus facilement avouer ses méfaits. Il s'agit de lui donner le sentiment que mentir est bien plus grave que tout ce qu'elle a pu faire : « Faire ce que vous avez fait est une chose – sur laquelle nous pouvons glisser – mais mentir sur ce que vous avez fait est une chose que je ne peux accepter. Contentez-vous d'être honnête, et nous pourrons tirer un trait sur toute cette histoire. Mais tant que vous ne jouerez pas cartes sur table, vous ne pourrez pas rester ici. »

Balle en or 5

Mettez-vous à table avant qu'il ne soit définitivement trop tard

Les plombiers savent bien que lorsque la cave est inondée, c'est le bon moment pour négocier les tarifs. À l'évidence, c'est lorsque le problème se pose de façon critique que l'on est le plus motivé à prendre une décision. À quel moment les syndicats des transports publics déclenchent-ils une grève ? Juste avant les vacances, au moment du pic annuel de fréquentation. C'est ainsi que l'on peut le mieux faire pression.

Les échéances, rien de tel pour produire des résultats. Combien de temps vous faudrait-il pour payer vos impôts s'il n'y avait pas de date limite, ou si aucune pénalité n'était prévue en cas de retard ? Dans quel délai termineriez-vous un projet si votre patron vous disait que les résultats devront être sur son bureau avant votre départ en retraite ? Parviendriez-vous à utiliser vos bons de réduction et vos avoirs s'ils ne portaient aucune date limite de validité ? Dans presque tous les domaines de notre vie, nous avons des échéances et des pénalités en cas de retard.

Nous avons tendance à privilégier la rareté. Pour le dire simplement, ce qui est rare est bon. Vous pouvez augmenter considérablement votre force de persuasion en faisant valoir qu'il s'agit d'un moment unique, après lequel le sujet ne sera plus jamais abordé. Faites comprendre à votre interlocuteur : (a) que c'est sa dernière chance de pouvoir s'expliquer, et (b) que vous pouvez obtenir ce dont vous avez besoin de quelqu'un d'autre. Essayez aussi d'augmenter le débit de vos paroles, pour placer votre interlocuteur dans une situation d'urgence. Plus vous parlerez vite et moins il aura du temps pour traiter l'information.

Imposez à votre interlocuteur une échéance et une pénalité de retard. Les échéances obligent à agir. Si le coupable a l'impression qu'il pourra toujours se dédouaner, il adoptera une attitude attentiste. Faites-lui comprendre que vous savez déjà et que vous avez des preuves. En reconnaissant ses torts, il aura la possibilité de s'expliquer.

Comment formuler votre demande (1re possibilité) : « Je veux l'entendre de votre propre bouche. À partir de demain, tout ce que vous pourrez me dire n'aura plus d'importance pour moi. »

Comment formuler votre demande (2e possibilité) : « Je sais ce qui s'est passé/ce que vous avez fait. J'espérais l'entendre de vous en premier. Entendre votre version des faits est très important pour moi. Je sais qu'il y a toujours deux façons de voir les choses, et avant de décider ce que je vais faire, je veux connaître la vôtre. »

En entendant cela, votre interlocuteur aura le sentiment que s'il avoue, il a encore une chance. Finalement, ce qui s'est réellement passé ne peut pas être aussi grave que ce que vous avez déjà entendu. En avouant tout de suite, il peut limiter la casse.

Balle en or 6

L'inversion des responsabilités

Ici, vous allez inciter votre interlocuteur, de façon imprévue et inattendue, à vous dire la vérité. Vous allez lui faire comprendre que ce qui est arrivé, ou ce qu'il a fait, était une bonne chose dans la mesure où c'est ce qui vous permet de cultiver une relation encore meilleure entre vous deux – que ce soit au plan personnel ou professionnel. Vous allez lui offrir une opportunité de vous expliquer pourquoi il a fait ce choix. Vous allez aussi faire votre *mea culpa*. Voici comment procéder.

Comment formuler votre demande : « Je comprends pourquoi vous avez agi ainsi. Il est clair que vous n'avez pas pu le faire sans une bonne raison. Vous vous êtes sans doute senti victime d'une injustice. Que puis-je faire pour éviter que cela ne se reproduise ? » Ici, vous tenez pour acquis les raisons pour lesquelles votre interlocuteur a pu faire ce qu'il a fait. En commençant à vous expliquer ses raisons, il progresse vers la justification à vos yeux de ce qu'il a fait – de ses méfaits. Savonnez-lui la pente : « J'en assume la totale responsabilité. Voyons ensemble comment nous pourrions éviter que cette situation ne se reproduise. Je comprends très bien. Vous avez eu raison de faire ce que vous avez fait. »

Balle en or 7

Je déteste faire une chose pareille, mais vous ne me laissez pas le choix

Cette stratégie est le seul exemple de recours à la menace. Dans les autres, vous faites en sorte que votre interlocuteur soit disposé à se dévoiler. Ici, c'est un peu plus violent. Vous lui faites comprendre que s'il vous ment, il s'expose à des conséquences auxquelles il n'avait pas songé.

Vous faites monter les enchères, mais vous comptez sur son imagination pour déterminer l'étendue des dégâts que vous pouvez lui infliger. Sous l'effet de la peur, il envisagera tous les scénarios possibles. Vous aggravez le problème, puis vous lui proposez une solution. Sachant qu'il a choisi d'être malhonnête parce qu'il avait jugé qu'il avait plus à y gagner qu'à y perdre, vous lui apprenez que les conséquences de son acte sont bien plus importantes que ce qu'il avait imaginé. Ainsi, il réévalue le rapport risque-bénéfice en votre faveur.

Comment formuler votre demande (1re possibilité) : « Je ne souhaitais pas en arriver là, mais vous ne me laissez pas le choix. » Il vous répondra inévitablement : « En arriver à faire quoi ? » À ce moment, il attend de savoir ce qui risque de lui arriver. Cependant, ne précisez pas ce que vous allez faire. Laissez-le imaginer lui-même tout ce que vous pourriez faire s'il persiste à ne pas avouer.

Comment formuler votre demande (2e possibilité) : « Vous savez ce que je peux faire, et je le ferai. Si vous ne voulez pas me le dire maintenant, ne me le dites pas. Simplement, je ferai ce que je dois faire. »

Ensuite, soyez très attentif à ce qu'il va vous répondre. S'il se préoccupe de ce que vous allez lui infliger, il y a des chances pour qu'il soit coupable. Au contraire, s'il continue d'affirmer qu'il n'a rien fait, il se peut bien qu'il soit innocent de ce dont vous l'accusez. En effet, le coupable a besoin de savoir quelle est la sanction, afin de déterminer s'il a intérêt ou non à continuer de soutenir sa version des faits. Seul le coupable a la possibilité d'avouer. C'est le coupable qui a une décision à prendre, tandis que pour l'innocent, rien de ce que vous pouvez faire n'entre en ligne de compte.

Balle en or 8

Je comprends, tu n'en as pas l'autorisation

Ne sous-estimez jamais le pouvoir que détient celui qui sait tirer parti de l'ego de son interlocuteur. Il s'agit tantôt d'enfler cet ego, tantôt de l'attaquer. Comme vous l'avez peut-être deviné, nous allons voir ici comment l'attaquer.

Il est vraiment affligeant de constater la vulnérabilité de tant de personnes dès que leur ego est en jeu. Or, c'est justement chez ces personnes que cette balle en or est particulièrement efficace. Un de mes amis, enquêteur de police, adore recourir à cette technique. En voici un exemple d'utilisation :

« On a attrapé ce type qui molestait deux sans-logis. Pendant une demi-heure, on n'a rien pu tirer de lui. Finalement, on s'est dit qu'on était obligé de le laisser repartir. On ne pouvait rien retenir contre lui, parce qu'un des deux clodos avait disparu et l'autre avait trop peur. Alors je me suis tourné vers ce crétin et je lui ai dit : "Ah, d'accord, j'ai compris. Tu as peur que Niko [un dealer avec qui il avait travaillé] vienne te régler ton compte. C'est ça, hein ? Tu ne peux pas aller au tribunal pour ça parce que tu lui appartiens. Tu es son petit esclave." Le suspect a hurlé quelques jurons et a crié "Je n'appartiens à personne". Il était furieux. Et pour prouver ce qu'il disait, il a fait ce qui lui restait à faire : il a avoué, fièrement. »

Comment formuler votre demande (1re possibilité) : « Je crois que j'ai compris : tu n'as pas le droit de me le dire. Quelqu'un d'autre tire les ficelles, et si tu parles, tu auras des problèmes. »

Comment formuler votre demande (2e possibilité) : « D'accord, je crois que j'ai compris. Tu me dirais la vérité si tu le pouvais, mais tu n'en as pas la force. Tu n'en es pas capable, et tu le regrettes sans doute autant que moi. »

Balle en or 9

Une plus haute autorité

Dans la situation qui convient, cette technique sera particulièrement efficace. Je connais une personne qui travaille dans le département des ressources humaines d'une grande compagnie financière et qui ne jure que par elle. Elle me dit que c'est pour elle le meilleur moyen d'éliminer les candidats indésirables.

Tant que la personne croit que vous êtes de son côté, elle mord à l'hameçon. Il vous suffit de lui faire comprendre qu'en l'espace de quelques secondes, vous allez pouvoir mettre fin à tous ses mensonges. Si quelqu'un d'autre découvre la vérité par la suite, ce sera trop tard.

Scénario A : connaître le vrai profil d'un candidat

Vous pensez qu'un candidat a menti dans son curriculum vitae.

Comment formuler votre demande : « Je vais vous faire une faveur, parce que je pense que vous faites tout à fait l'affaire pour ce poste. Ils vont vouloir vérifier tous les points de votre CV. Or, la moindre petite exagération risque de vous coûter le poste, donc nous allons régler cela tout de suite. Quels sont les points qui auraient plus particulièrement besoin d'être révisés pour que votre CV soit parfaitement exact ? »

Scénario B : quand le chat n'est pas là, votre secrétaire danse

Vous voulez savoir si votre secrétaire profite de votre absence pour partir avant l'heure.

Comment formuler votre demande : « Le vice-président de la compagnie vient nous voir aujourd'hui. Il s'inquiète de vos horaires, aussi je vais lui dire que les jours où vous partez plus tôt, c'est parce que vous arrivez plus tôt. Vous souvenez-vous, le mois dernier, quels jours vous avez terminé en avance et êtes partie avant l'heure ? »

Comprenez-vous comment vous pouvez ainsi désarmer votre interlocuteur ? Il ne s'agit pas de hausser de ton, ni de quémander des réponses. Vous lui donnez l'impression que vous faites bloc avec lui contre l'adversité et que vous êtes là pour l'aider. L'expression « terminé en avance » signifie que la secrétaire a bien fait tout son travail – et efficacement. Vous êtes de son côté, et vous voulez travailler ensemble à arranger les choses.

Balle en or 10

La grande inconnue

Pour la plupart des gens, il est pratiquement impossible de comprendre une idée ou une situation nouvelle sans procéder à une comparaison, sous forme d'analogie ou d'opposition, avec une chose déjà familière. Or, que se passe-t-il s'il n'existe aucune catégorie dans laquelle il soit possible de classer l'événement ? L'expérience peut être très déstabilisante.

Quand la sanction du mensonge est évidente, le suspect connaît les avantages et les inconvénients de l'aveu et il est en mesure de peser le pour et le contre. Il est raisonnable de penser que si la sanction du mensonge n'est pas assez sévère, vous aurez des difficultés à obtenir de votre interlocuteur qu'il vous dise la vérité. Il vous faut donc déplacer la sanction du *connu* vers l'*inconnu*, là où votre interlocuteur ne sera pas à l'aise.

Pour avoir le maximum de prise sur votre interlocuteur, montrez-lui les implications insoupçonnées de ses mensonges. Même s'il pense que vous ne pourrez pas lui faire grand-chose, vous avez la possibilité de rendre la sanction plus sévère à ses yeux, en jouant sur deux facteurs : le temps et l'impact.

Le temps. Ne lui donnez aucune indication du moment où la sanction interviendra. L'angoisse est plus grande lorsque les événements sont imprévisibles, lorsque votre interlocuteur sait qu'il n'aura pas la possibilité de s'y préparer mentalement.

L'impact. Donnez-lui l'impression que c'est sa vie entière qui risque d'en être changée dans le mauvais sens. Il faut qu'il se rende compte qu'il ne s'agit pas d'un événement isolé, qu'il y aura des répercussions. En cas de mauvaise nouvelle, nous avons tendance à nous rassurer à l'idée que cela va passer et que le reste de notre existence n'en sera pas affecté. Dans le cas contraire, nous sommes très inquiets et très préoccupés.

Scénario : employer les méthodes fortes…

Vous soupçonnez un de vos employés de vous voler. Vous pouvez menacer de le congédier, mais il pèsera le pour et le contre et décidera peut-être de faire en sorte que vous ne sachiez jamais la vérité. En revanche, si vous lui dites…

Comment formuler votre demande : « Monsieur Lenoir, si je découvre que vous m'avez menti, je ferai immédiatement évacuer votre bureau et la sécurité vous escortera jusqu'à votre voiture. Il n'y aura pas de cérémonie d'adieux. Et vous savez que dans notre métier, le monde est petit : essayez donc de retrouver un emploi avec ça au-dessus de votre tête. Vous vous retrouverez complètement hors circuit. »

Ensuite, vous lui demandez de mettre les cartes sur la table et vous lui proposez de travailler dans un autre service de la société. Ce type de porte de sortie fait l'objet d'une discussion plus détaillée dans le chapitre 6.

Balle en or 11

Je m'en moque éperdument

Nous avons tous besoin de nous sentir importants : c'est là un des principes fondamentaux qui régissent la nature humaine. Nul n'a envie de paraître insignifiant ou d'avoir l'impression que ses idées sont saugrenues.

Portez atteinte à la croyance qu'une personne peut avoir de sa propre valeur, et elle sera prête à tout pour sauver son sentiment d'importance. Si elle a l'impression que ses mensonges vous importent peu, elle aura envie – et même besoin – de savoir pourquoi vous prenez les choses avec tant de détachement et de désintérêt. Peut-être vous attendiez-vous à la même chose de sa part ? Peut-être savez-vous quelque chose qu'elle ignore ? Est-ce que ce qu'elle peut penser de vous ne vous intéresse pas ? Auriez-vous le projet de tirer profit de la situation, ou de vous venger ? En manifestant des émotions, vous vous montrez concerné. Au contraire, votre absence d'intérêt apparent ne pourra que titiller votre interlocuteur. D'une façon ou d'une autre, il se mettra en quête de reconnaissance. Il aura besoin de vous voir vous préoccuper de ce qui se passe, et si le seul moyen pour lui d'y parvenir est de vous parler de ses propres méfaits, il vous en parlera. Voici des exemples de ce que vous pourriez lui dire :

Comment formuler votre demande (1re possibilité) : « Je sais, et je m'en moque totalement. Cela ne me concerne pas. »

Comment formuler votre demande (2e possibilité) : « J'ai autre chose à penser. On en reparlera peut-être une autre fois. »

Comment formuler votre demande (3e possibilité) : « Faites ce que vous avez à faire, pour moi il n'y a pas de problème. »

Les plombiers savent bien que lorsque
la cave est inondée, c'est le bon moment
pour négocier les tarifs.

En général, quand on ignore une personne, on ne la regarde pas dans les yeux. Dans cette situation, cependant, il s'agit pour vous d'exercer un impact immédiat : regarder votre interlocuteur dans les yeux est particulièrement indiqué. Pour que ce soit encore plus efficace, fixez-le. Dans notre culture comme dans bien d'autres, c'est souvent un moyen de déshumaniser l'autre. Nous fixons du regard ce qui est exposé, par exemple un animal en cage. Souvent, celui qui est fixé du regard se sent diminué et éprouve le besoin de réaffirmer son importance.

Ces plans d'attaque devraient faire très bien l'affaire. Toutefois, si vous n'avez pas encore obtenu les réponses que vous vouliez, il est temps pour vous d'étudier les techniques avancées du chapitre 5. Avant de les mettre en application, n'oubliez pas que vous devez lire attentivement toute la section.

3

Des techniques pour détecter le mensonge et accumuler l'information dans une conversation banale

« Dans le discours civil,
la vérité est la première victime. »

David J. Lieberman

Maintenant, que faire quand vous n'êtes pas tout à fait sûr que l'on vous mente, sans qu'il vous soit possible d'interroger la personne aussi librement que vous aimeriez le faire ? Nous allons voir ici comment, mine de rien, vous pouvez obtenir d'elle davantage d'information.

Dans les conversations générales

1. Posez des questions sur des faits

Au cours de votre conversation, contentez-vous de poser des questions d'ordre général. Ainsi, vous obligerez votre interlocuteur à se rappeler certaines informations. S'il est sincère, il sera en mesure de vous répondre rapidement et sans effort. Si, au contraire, il vous a menti, les indices de tromperie vous permettront de le savoir. Plus important, remarquez combien de temps il lui faut pour se rappeler l'information nécessaire. S'il ment, il lui faudra un moment pour vous répondre, car il devra d'abord vérifier mentalement que la réponse qu'il s'apprête à vous donner est logique. Les histoires fabriquées manquent de détails, et pour cause !

Posez des questions impliquant une réponse objective plutôt que subjective. Ainsi, par exemple, si vous soupçonnez un employé d'être resté chez lui alors qu'il était censé être en voyage, ne lui demandez pas s'il a eu beau temps. Les gens mettent généralement un moment à répondre à ce genre de question. Posez-lui plutôt une question comme : « Avez-vous loué une voiture ? » L'air de rien, posez-lui plusieurs autres questions du même type. Dès qu'il répond oui à l'une de vos questions, demandez-lui davantage de précisions. S'il ment, il s'efforcera d'exposer des faits cohérents, et cela lui demandera du temps. Si votre interlocuteur cherche à changer de sujet, cela signifie que vos questions le mettent mal à l'aise. Si vous lui posez des questions simples et innocentes, il doit avoir envie de prolonger la conversation et non de l'abréger. En effet, les gens adorent parler d'eux-mêmes. La plupart du temps, les gens ne demandent pas mieux que de disserter en long et en large sur le nouveau restaurant qu'ils ont découvert, sur le voyage dont ils reviennent ou sur le poste qu'ils ont refusé... sauf, bien sûr, lorsqu'ils doivent inventer des mensonges pour pouvoir répondre à vos questions.

2. Inventez un fait

Ici, vous ajoutez un fait sur lequel vous interrogez ensuite votre interlocuteur. Il s'agit d'un fait que vous inventez mais qui doit paraître tout à fait vraisemblable. Ainsi, par exemple, supposons qu'au cours d'une soirée, un des convives prétende revenir d'un safari au Kenya. Si vous lui dites que vous avez entendu parler de températures exceptionnellement élevées en Afrique de l'Est, qu'il en revienne vraiment ou non, il doit pouvoir confirmer ou infirmer ce fait. Il pourra aussi vous répondre qu'il l'ignorait, mais qu'effectivement il a fait très chaud. Dans un cas comme dans l'autre, vous ne pourrez pas savoir s'il dit la vérité.

Alors, comment faire ? Dites par exemple que vous avez appris par un ami pilote de ligne que des instructions particulières étaient actuellement données à quiconque se rend dans cette région d'Afrique sur la façon d'éviter le paludisme. S'il confirme, c'est qu'il tente d'étayer son histoire et c'est la preuve qu'il ment. Autrement, il vous dirait simplement qu'il ignore de quoi parle votre ami.

Plus précisément :

a. Votre assertion doit être fausse. En effet, si votre interlocuteur confirme un fait qui est authentique, vous n'en serez pas plus avancé.

b. Votre assertion doit paraître vraisemblable. Sinon, votre interlocuteur risque de croire que c'est une plaisanterie.

c. Votre assertion doit concerner directement votre interlocuteur, afin qu'il soit censé être le mieux placé pour en parler. En d'autres termes, ne dites pas, par exemple, que d'après ce que vous avez lu quelque part, la déviation de l'axe de rotation de la Terre permet de mieux contempler les étoiles.

3. Demandez un élément à l'appui d'un fait

Ici, vous partez de ce que dit votre interlocuteur et vous lui demandez une preuve, mais d'une façon qui ne puisse pas être perçue comme menaçante. Ainsi, si nous reprenons l'exemple du monsieur qui prétend revenir d'un safari, vous pouvez lui faire savoir que vous aimeriez beaucoup qu'il vous montre des photos de son voyage. S'il trouve une raison pour que cela ne soit pas possible (il n'a pas pris de photos, ses photos sont toutes ratées, il avait oublié de retirer l'opercule qui couvrait l'objectif, etc.), c'est pour le moins suspect.

Supposons que vous soyez le producteur d'une émission de télévision et que vous cherchiez à vérifier la crédibilité d'un invité. Vous pourriez lui dire : « Votre histoire de conspiration gouvernementale est fascinante. Puisque vous avez travaillé dans le bâtiment en question, ce serait bien que vous puissiez nous montrer votre badge d'accès. »

4. Extrapolez un fait

Voici un indice pour savoir jusqu'où quelqu'un est capable d'aller pour obtenir ce qu'il veut. Il vous suffit d'extrapoler un fait que votre interlocuteur vient de mentionner. S'il poursuit simplement son idée sans vous corriger, vous avez la preuve qu'il ment depuis le départ ou du moins, qu'il est disposé à mentir dans la mesure où cela lui permet de vous gagner à sa cause. Supposons que votre ami, n'ayant pas envie de voir le film que vous lui proposez, vous explique qu'un de ses collègues ne l'a pas aimé. Répondez-lui par exemple : « Ah ! Évidemment, si aucun de tes collègues n'a aimé ce film, je veux bien croire que ce n'est pas un bon choix. » Si votre ami ne corrige pas votre assertion fausse, vous pouvez en déduire qu'il vous a menti en vous parlant de son collègue, ou bien qu'il est prêt à vous mentir pour ne pas aller voir ce film.

Prenons un autre exemple : votre secrétaire vous demande l'autorisation de rentrer chez elle parce qu'elle ne se sent pas bien. Dites-lui : « Oh ! Bien sûr, si vous avez mal à la tête et si vous vous sentez fiévreuse, pas d'hésitation, rentrez chez vous. » Elle n'a jamais parlé de ces symptômes, c'est vous qui avez extrapolé à partir de ce qu'elle vous a dit. Là encore, si elle ne corrige pas ce que vous dites, soit elle vous ment en prétendant être malade, soit elle est prête à approuver n'importe quoi pour pouvoir s'en aller. Naturellement, il n'est pas impossible qu'elle soit malade, mais le fait qu'elle ne corrige pas ce que vous dites prouve qu'elle n'est pas réticente à vous tromper pour arriver à ses fins.

Dans des occasions particulières

Nous allons maintenant étudier des stratégies utiles lorsqu'une personne est réticente à révéler des informations pour des raisons autres qu'égoïstes, ou dans une situation qui vous oblige à user d'une approche très circonspecte. Ici, il faut tenir compte de chaque situation particulière, dont dépend l'état psychologique de votre interlocuteur. Vous utiliserez une stratégie relevant généralement d'une des dix catégories suivantes.

1. La protection d'un tiers

Supposons que votre interlocuteur soit réticent à vous avouer quelque chose parce que ses révélations mettraient en cause une autre personne. Il vous faut alors solliciter son ego et lui faire oublier qu'il va commettre, pour ainsi dire, une indiscrétion.

Scénario A : vous auriez fait comment, à sa place ?

Votre avocat fait allusion à une affaire qu'un de ses collègues a traitée en dépit du bon sens. En lui demandant simplement « En quoi s'est-il trompé ? », vous risqueriez de n'obtenir aucune information concrète. Sachez l'inciter à vous dire les choses.

Comment formuler votre demande : « Si c'était vous qui aviez traité cette affaire, qu'est-ce que vous auriez fait différemment ? » Voilà une formule magique pour délier les langues.

Scénario B : détecter les points faibles d'une personne

Vous êtes en train de discuter avec Christophe, un de vos commerciaux, et vous aimeriez savoir pourquoi le chiffre d'affaires de Susan est faible. Or, il sera sans doute vain de demander simplement à Christophe les raisons de cette mauvaise performance. Pour ne pas être déloyal envers Susan, il sera réticent à parler. Sachez formuler votre question de manière à le rendre loquace.

Comment formuler votre demande : « Dans quels domaines pensez-vous que Susan pourrait faire des progrès ? »

Dans ces deux cas de figure, la conversation garde un aspect positif. Votre interlocuteur a l'impression qu'il ne fait rien de mal en répondant à votre question. Et effectivement, il ne fait rien de mal ; mais si vous n'aviez pas prononcé votre question de cette manière, vous vous seriez heurté à de fortes réticences de sa part.

2. Face au pouvoir

Il arrive aussi que la personne réticente à dire la vérité soit celle qui détient le pouvoir. Dans ce cas, il est généralement inapproprié et vain d'argumenter. Donnez plutôt à la conversation un tour personnel, en prenant modèle sur les deux exemples qui suivent.

Scénario A : vous m'avez brisé le cœur…

Votre client est réticent à vous acheter votre marchandise, mais il n'exprime aucune raison vraiment crédible de la refuser. Votre objectif est donc de savoir quelle est son objection réelle.

Comment formuler votre demande : « Je fais cela pour gagner ma vie. Je nourris ma famille. Il est clair que notre produit est de bonne qualité et que vous êtes un homme raisonnable. Pourriez-vous me dire ce que j'ai fait pour vous blesser ? »

Pris au dépourvu, votre client vous répondra probablement : « Oh ! Non, vous ne m'avez pas blessé du tout. C'est seulement que… »

Blesser, voilà un mot qui a de la force. Votre interlocuteur va maintenant vous exprimer la véritable raison de sa réticence, car il pense que le seul moyen de vous montrer que vous ne l'avez pas blessé est de vous dire la vérité.

Scénario B : si vous étiez à ma place...

Votre supérieur hiérarchique est réticent à vous expliquer les raisons précises pour lesquelles vous n'avez pas obtenu cette promotion.

Comment formuler votre demande : « Madame Doulet, je comprends la situation et je respecte vos idées. J'espère un jour réussir dans cette société comme vous avez réussi aujourd'hui. Laissez-moi vous poser une question, si je puis me permettre. Si vous étiez à ma place, ici sur cette chaise, ne pensez-vous pas que vous auriez davantage de chances de grimper dans la hiérarchie en étant consciente de vos lacunes ? »

3. Égards et sentiments

Ici, quelqu'un vous ment pour préserver votre sensibilité : un pieux mensonge, disons. Vous cherchez à savoir la vérité, mais un sentiment de culpabilité pousse votre interlocuteur à réviser son attitude.

Scénario : la vérité est toujours bonne à savoir

Vous avez l'impression que l'on veut vous cacher la vérité pour votre bien.

Comment formuler votre demande (1re possibilité) : « Je sais que vous ne voulez pas me blesser, mais vous me blessez davantage encore en n'étant pas parfaitement honnête. » Ici, c'est à dessein que vous utilisez l'adverbe *parfaitement* : vous montrez à votre interlocuteur que vous le créditez d'une honnêteté relative.

Comment formuler votre demande (2e possibilité) : « Si vous ne me le dites pas, personne d'autre ne me le dira. Si je ne peux pas compter sur vous, je me demande bien ce que je peux faire. »

4. Une question d'opinion

Dans les opinions exprimées par un individu, il est difficile de détecter le mensonge, et il est difficile de le traiter de menteur au motif qu'il ne croirait pas à ce qu'il dit. Nous allons voir à présent une excellente méthode pour révéler ce qu'une personne pense véritablement, quelle que soit la situation.

Scénario A : vous appréciez vraiment ?

Vous n'êtes pas sûr que votre directrice de département, malgré ce qu'elle affirme, apprécie vraiment l'idée que vous avez suggérée pour une nouvelle campagne de publicité.

Comment formuler votre demande :
« Est-ce que vous *appréciez* le concept ?
– Bien sûr. C'est très original.

– Bon, et que faudrait-il pour que vous *aimiez* vraiment cette idée ? »

Dans cet exemple, votre responsable vous confirme qu'elle apprécie l'idée. Vous ne discutez pas et vous n'insistez pas. Tout ce que vos propos indiquent, c'est que vous êtes conscient qu'un progrès est possible. Dès lors, elle se sent à l'aise pour critiquer votre idée, car elle comprend que c'est ce que vous espérez de sa part.

Scénario B : la « colo » du bonheur

Vous voulez savoir si votre fils a vraiment envie de partir en colonie de vacances cet été.

Comment formuler votre demande :
« Est-ce que tu es *content* d'aller en "colo" le mois prochain ?
– Ouais. Ça sera bien.
– Qu'est-ce qu'il faudrait pour que tu sois vraiment *heureux* d'y aller ? »

Là encore, vous mettez à l'aise votre interlocuteur en lui indiquant clairement par vos questions que vous savez bien que tout n'est pas parfait.

5. Je ne sais pas

En général, les gens n'aiment pas avoir tort. Par ailleurs, les gens n'aiment généralement pas se retrouver dans une situation où ils ont l'impression qu'ils sont obligés de se défendre ou de se justifier. C'est la raison pour laquelle, lorsqu'on nous demande à quoi nous pensons, nous avons tendance à répondre « À rien ». À d'autres questions du même genre, nous répondons « Je ne sais pas ». Cela nous permet de nous donner le temps de chercher une vraie réponse. Parfois, c'est simplement la réponse la plus facile. Quoi qu'il en soit, quand on vous répond « Je ne sais pas », essayez une des questions suivantes :

1. « Bon, dans ce cas, pourquoi ne me dis-tu pas comment tu en es arrivé à penser de cette façon ? »
2. « Je sais que tu ne connais pas la réponse, mais si tu devais la deviner, que penses-tu que cette réponse pourrait être ? »
3. « Peux-tu me dire avec quelle partie de cela tu es d'accord ? »
4. « Dans quelle situation passée as-tu éprouvé la même chose qu'en ce moment ? »
5. « Quelle est l'émotion qui représente le mieux ce à quoi tu penses en ce moment ? »
6. « Peux-tu imaginer ne serait-ce qu'une raison ? »
7. « Quel est le mot qui qualifierait le mieux ce que tu penses en ce moment ? »

Chacune de ces questions permet à votre interlocuteur de se détendre. Vous lui montrez que vous tenez compte de sa difficulté à vous répondre. Vous lui donnez l'impression que vous lui demandez autre chose, alors qu'en réalité, votre nouvelle question ne vise qu'à obtenir la réponse à votre question initiale.

Une réponse comme « Je ne sais pas » peut aussi signifier que la personne se sent coupable ou qu'elle se sent bête à cause de ce qu'elle a fait. Il s'agit alors de la décharger de sa responsabilité. Vous pouvez procéder ainsi :

Comment formuler votre demande : « Je comprends que vous ne sachiez pas très bien pourquoi vous avez fait cela, mais pourriez-vous imaginer une motivation inconsciente qui aurait pu intervenir ? » Ce genre de formule est efficace parce que votre interlocuteur n'a plus besoin de se sentir responsable de ses actes. Ce n'était pas son « intention », son comportement n'était pas motivé de façon consciente.

6. Ça me gêne...

Voyons maintenant le cas d'une personne qui, par gêne, est réticente à vous dire la vérité et peut même vous mentir. Les techniques les plus courantes sont alors inefficaces, sachant que votre interlocuteur ne se sent probablement aucune obligation et qu'il n'a certainement rien à gagner à vous dire les choses telles qu'elles sont. Il vous faut alors trouver moyen de l'inciter à vous dire la vérité tout en le mettant à l'aise.

Scénario A : aider votre fils à se confier

Votre fils ne veut pas vous parler du racketteur qui lui a volé l'argent de son déjeuner.

Comment formuler votre demande : « Si tu ne veux pas en parler, ce n'est pas grave [cette phrase est importante pour désarmer l'interlocuteur : il sait ainsi que vous n'allez pas lui tirer les vers du nez]. Quand j'avais ton âge, il m'était arrivé la même chose. Dès que j'ai su quoi lui répondre, il ne m'a plus jamais embêté. Ça t'intéresse, de savoir ce que tu pourrais faire ? »

Scénario B : c'est oui ou c'est non ?

Vous êtes médecin, et vous avez affaire à un patient qui est réticent à vous parler de ses relations sexuelles récentes.

Comment formuler votre demande : « Je comprends votre hésitation, et si vous préférez ne pas en parler, nous n'en parlerons pas. Chaque fois qu'un de mes patients est mal à l'aise, je procède ainsi, c'est bien plus facile et plus rapide. Je vais vous poser des questions simples auxquelles vous n'aurez qu'à répondre par oui ou par non. »

Cette formulation est efficace, car le patient est rassuré de savoir qu'il va échapper à une discussion gênante. Vous pouvez recourir à ce truc des questions fermées pratiquement à chaque fois qu'une personne est mal à l'aise à l'idée de vous révéler des informations d'ordre intime.

Scénario C : savoir si un de vos employés cherche du travail ailleurs

Vous dirigez une société de construction, et vous voulez savoir si votre chef de chantier ne serait pas en train de chercher à partir.

Comment formuler votre demande : « Mike, sur une échelle de un à dix, sachant que un signifie que vous vous êtes simplement demandé si vous ne devriez pas chercher une autre place et que dix signifie que vous souhaitez vraiment travailler dans une autre société, quel chiffre pourrait vous convenir ? »

Il convient de garder à l'esprit trois points importants. Tout d'abord, vous ne lui posez pas la question classique : « Où vous situez-vous ? » Vous parlez plutôt de lui « convenir », un terme plus positif. Ensuite, le conditionnel « pourrait » vous permet d'atténuer le lien entre lui-même et sa réponse : ainsi, il se sentira moins impliqué par celle-ci.

Enfin, remarquez que sur cette échelle, la valeur un ne correspond pas à l'absence totale d'intérêt pour une autre place. Vous permettez à votre interlocuteur de faire le choix le plus « facile ». S'il n'avait réellement pas l'idée d'aller voir ailleurs, il n'hésiterait pas à vous le dire, au lieu de s'en tenir aux paramètres de votre question.

Scénario D : un stagiaire maladroit

Vous pensez que votre nouveau stagiaire a confondu deux piles de documents et a détruit ceux qu'il fallait photocopier.

Comment formuler votre demande : « Paul, si c'est vous qui avez fait ça, pas de problème. Je me souviens de mes débuts ici. Ce que je vais vous dire restera entre nous deux, d'accord ? Eh bien, une fois, j'avais photocopié un document confidentiel à la place du menu du déjeuner, et j'avais distribué les copies dans les boîtes de tous les collègues ! »

Le meilleur moyen d'obtenir de votre interlocuteur qu'il se confie à vous, c'est de vous confier à lui. Ainsi, il se sent tout de suite plus à son aise. Vous lui montrez que vous avez confiance en lui, si bien qu'il se sent obligé, lui aussi, de partager avec vous le sentiment de gêne qu'il peut éprouver à cause de ce qu'il a fait.

7. Diviser pour régner

Envisageons une situation dans laquelle vous pouvez obtenir la vérité auprès de deux ou plusieurs personnes. L'erreur que nous avons tendance à faire dans ces cas-là, c'est de dire par exemple : « Allez, les gars, dites-moi ce qui se passe ! » C'est souvent inefficace, en raison d'un phénomène psychologique appelé la responsabilité sociale. En voulant obtenir la coopération de tous, nous n'obtenons celle de personne.

N'avez-vous jamais entendu quelqu'un crier depuis une fenêtre, sur une rue passante ? En général, cela n'incite pas les passants à réagir. Ce n'est pas que les gens soient froids et insensibles, mais la responsabilité sociale à exercer est éclatée sur un grand nombre d'individus. Chacun supposera que, s'il s'agit d'une urgence, quelqu'un d'autre a déjà donné l'alerte. On ne compte plus les exemples de situations d'urgence dans lesquelles les gens continuent leur chemin. Personne ne fait rien parce que chacun se dit que quelqu'un d'autre s'en occupe ; ou bien, on se dit que si personne ne fait rien, c'est que tout va bien.

La dilution de la responsabilité fait que personne n'est plus incité à agir. Si vous voulez que l'on vous réponde, si vous voulez que quelqu'un agisse, il vous faut concentrer vers lui une plus grande responsabilité. Le mieux est de s'adresser à une seule personne à la fois. Si vous n'obtenez rien de cette personne, vous pourrez alors vous adresser à quelqu'un d'autre.

Scénario A : trouver le mauvais blagueur

Quelqu'un vous a fait une méchante blague, et vous voulez savoir qui en est le responsable.

Comment formuler votre demande (1re possibilité) : « Céline, si c'est à toi que je m'adresse, c'est pour une raison bien précise. Je sais que je peux te faire confiance pour me dire la vérité. Je peux compter sur toi comme tu peux compter sur moi. Tu n'es pas comme certains autres. Je sais que tu feras ce qu'il faut. » Si vous n'arrivez à rien avec cette personne, adressez-vous à la personne suivante à qui vous tiendrez le même discours, et ainsi de suite. Il y aura bien quelqu'un qui craquera.

Comment formuler votre demande (2e possibilité) : « Jennifer, peu importe qui a fait cela. Je ne m'en soucie même pas. Ce qui compte, c'est notre amitié. Je veux être sûr que je peux compter sur toi. Je sais bien que je le peux, mais j'ai besoin que tu me parles en toute franchise. L'important, pour moi ce n'est pas de savoir qui est responsable mais de savoir que tu ne me caches rien. » Si vous n'arrivez à rien avec cette personne, adressez-vous à la personne suivante à qui vous tiendrez le même discours.

8. Quand vous devez compter sur un professionnel

Nous avons généralement l'habitude de compter sur l'honnêteté des gens à qui nous avons affaire, qu'il s'agisse des avocats, des plombiers, des garagistes ou des enseignants. La majorité d'entre eux sont sans doute honnêtes, mais il y a les autres.

Dans ces diverses situations, vous risquez de vous retrouver en mauvaise posture, car il vous manque la connaissance et l'expérience qui vous permettraient de poser les bonnes questions. Malheureusement, les professionnels malhonnêtes n'en sont que trop conscients. Vos indices de tromperie vous permettront de savoir à qui vous avez réellement affaire, et dans ces situations, les précautions suivantes vous seront utiles.

1. Dans la mesure du possible, obtenez toujours un deuxième avis. C'est facile, et cela peut vous éviter bien des tourments.
2. Vérifiez que la personne est diplômée, qualifiée, assurée et immatriculée comme il se doit pour être compétente dans sa profession.
3. Mettez-vous d'accord par écrit. Les contrats de parole ne valent pas tripette.
4. Obtenez des références ou des témoignages.

Si votre interlocuteur fait des difficultés par rapport à l'une ou l'autre de ces précautions, adressez-vous à quelqu'un d'autre. C'est évidemment quand vous êtes dans le brouillard que les filous sont le plus à l'aise pour vous berner.

Enfin, les méthodes qui suivent devraient vous permettre de vous faire une idée précise des intentions de la personne à qui vous avez affaire. Le truc consiste à poser des questions sur le contraire de ce que vous voulez réellement.

Scénario A : partir en vacances l'esprit tranquille

Supposons que votre agent de voyages vous propose une croisière de cinq jours. Vous voulez vous détendre et vous distraire en faisant la fête, et vous vous demandez s'il s'agit réellement d'un bon choix ou si l'agent de voyages ne serait pas en train de vous vanter ce produit pour toucher une bonne commission.

Comment formuler votre demande : « Cette brochure me donne vraiment envie d'y aller, mais j'aimerais simplement être sûr qu'il ne s'agit pas encore d'un de ces bateaux-discothèques avec des haut-parleurs à plein tube. Moi, ce que je recherche, c'est le repos et la relaxation. Est-ce que c'est bien le genre de croisière pour cela ? »

Poser votre question sous cette forme vous permet de connaître les intentions réelles de l'agent de voyages tout en obtenant votre réponse. S'il répond oui, vous savez que cette croisière ne vous convient pas, ou qu'il ment pour vendre sa marchandise. Quoi qu'il en soit, vous ne lui achèterez pas cette croisière. Sa seule façon de vous prouver son honnêteté serait de vous dire ce qu'il pense que vous n'avez pas envie d'entendre, et ainsi seulement vous auriez la confirmation que cette croisière vous convient.

Scénario B : un café trop fort ?

Vous avez commandé un « déca » et vous avez l'impression qu'on vous sert un « vrai » café.

Comment formuler votre demande : « C'est bien un café normal, n'est-ce pas ? » Si le garçon confirme, cela signifie soit qu'il ne se préoccupe pas de s'en assurer, soit qu'il s'agit bien d'un café normal. Là encore, dans les deux cas, vous savez qu'il ne faut pas compter sur lui pour obtenir ce que vous voulez. Au contraire, si le garçon vous répond que c'est un café décaféiné – sachant qu'il croit que ce n'est pas ce que vous vouliez –, alors vous pouvez être à peu près sûr qu'on vous a bien servi ce que vous aviez commandé.

9. Je ne sais pas et je m'en moque

Avoir affaire à quelqu'un qui « s'en fiche » est l'une des situations les plus frustrantes qui soient. Pourquoi donc ? Parce que vous avez peu d'influence sur une telle personne. Vis-à-vis de quelqu'un qui ne risque rien, votre pouvoir de négociation est faible. Nous allons voir comment inverser le rapport de force. Il vous suffit de changer l'équation de telle sorte qu'il y ait un enjeu pour votre interlocuteur. Pour vaincre l'apathie, rien de tel.

Scénario A : être sûr de récupérer sa voiture à temps

Votre garagiste vous annonce que votre voiture sera réparée vendredi. Or, vous savez pertinemment que le moindre impondérable suffira pour que votre voiture reste dans son garage pendant le week-end.

Comment formuler votre demande : « Écoutez, ce serait bien que je la récupère demain. Vous comprenez, ma femme est enceinte et elle risque d'accoucher d'un jour à l'autre. Nous n'avons que cette voiture, donc si vous voyez la moindre raison pour laquelle elle pourrait ne pas être prête vendredi, il faut que je le sache. »

Scénario B : savoir ce que vous mangez exactement !

Vous demandez au serveur si cette salade contient du glutamate, un additif alimentaire auquel certaines personnes sont allergiques, et il vous répond par la négative. Cependant, il n'a pas l'air d'être tout à fait convaincu de ce qu'il dit, et vous aimeriez bien en avoir le cœur net.

Comment formuler votre demande : « Très bien, monsieur. Je vous le dis à tout hasard, je présente une allergie extrême au glutamate. Une seule bouchée, et vous n'avez plus qu'à appeler les secours pour qu'on m'emmène à l'hôpital. » En entendant cela, ne croyez-vous pas que le serveur prendra la peine d'aller vérifier l'information auprès du cuisinier ?

Dans ces deux scénarios, remarquez de quelle façon vous changez les données du problème. Au début, le serveur ne se sent pas spécialement concerné par votre alimentation, de même que le garagiste ne se sent pas spécialement concerné par votre emploi du temps. Deux ou trois phrases vous suffisent pour susciter chez votre interlocuteur une véritable préoccupation : il se rend compte qu'il ne s'agit pas d'une simple préférence de votre part. Vous changez simplement les données du problème, et ainsi, vous inversez le rapport de force.

10. Je viens d'apprendre...

Les menteurs ont généralement tendance à se confier eux-mêmes à une autre personne au moins. Obtenir de cette personne la vérité peut être relativement facile, si l'on sait s'y prendre. L'important est de lui faire croire que vous connaissez déjà la vérité. Ensuite, vous devez y ajouter votre réaction émotionnelle. C'est ce qui vous rend crédible, car le fait que vous sachiez ou non la vérité passe ainsi au second plan derrière votre réaction à cette vérité. Il vous suffit de simuler une émotion adaptée à la situation : selon le cas, ce sera l'empathie, la surprise, la crainte, la joie, le souci, l'humour, etc.

Voyons plus concrètement ce que vous pourriez dire à la personne dont vous pensez qu'elle sait la vérité :

Empathie : « Je n'arrive pas à croire que Pierre ait pu faire ça. Je suis vraiment, vraiment désolé(e). S'il y a une chose que je peux faire pour toi, surtout, tu me le dis, d'accord ? »

Souci : « Je viens de l'apprendre : comment peuvent-ils lui faire cela ? J'ai bien envie d'aller moi-même leur remonter les bretelles ! Comment fais-tu pour supporter tout cela ? »

Humour : « Marie, est-ce que John est un fou des trucs bizarres, ou quoi ? Il vient de me le dire, et je n'arrive pas à y croire. »

Veillez à adopter le ton qui conviendrait si vos soupçons étaient vérifiés. Il faut que votre interlocuteur croie que vous savez déjà ce qu'il en est. Présentez la réaction émotionnelle qui convient, et votre crédibilité sera assurée.

Dirigez la conversation

Vous pouvez diriger la conversation et l'orienter à votre guise, comme le montre l'exemple qui suit. Supposons qu'une de vos amies vous montre la nouvelle table de sa salle à manger. Vous voulez savoir si cette table lui a vraiment coûté cher. De façon générale, évitez de lui poser directement la question : elle risquerait d'être sur la défensive. En revanche, si vous lui déclarez que c'est la table la plus magnifique que vous n'ayez jamais vue, que va-t-elle vous répondre ? Vous l'avez deviné : elle vous parlera de son prix. Si vous lui dites : « Elle a dû te coûter une fortune ! Comment as-tu pu mettre autant d'argent dans une table ? », à quelle réponse devez-vous vous attendre ? Elle vous parlera de la qualité de l'objet et du travail qu'il représente. Si vous évoquez la cherté de la table, elle vous parlera de sa qualité, et inversement. Ainsi, en posant la bonne question, vous pouvez orienter la conversation dans la direction que vous souhaitez et obtenir l'information que vous voulez.

Vous pouvez aussi contrôler la façon dont votre interlocuteur vous répond. N'avez-vous jamais remarqué ce qui se produit quand vous croisez une personne dans le hall d'un immeuble ou dans l'ascenseur ? Vous lui souriez, elle vous sourit. Vous souriez et hochez la tête, elle sourit et hoche la tête. Si vous saluez la personne, elle vous saluera généralement à son tour. C'est celui qui réagit le premier à la situation qui contrôle le mode d'échange.

Il en est de même pour le rythme d'une conversation. Essayez vous-même ceci : lentement et de façon volontaire, posez à quelqu'un une question ouverte (une question dont la réponse ne peut pas être un simple oui ni un simple non). Observez la façon dont la personne prend son temps pour vous répondre. Maintenant, posez-lui une question en parlant rapidement : la personne vous répondra avec un débit comparable.

Pour mieux détecter la tromperie, orientez la conversation dans une direction particulière. Il vous suffit de quelques mots bien choisis pour y parvenir. Une fois que votre interlocuteur vous aura fait une réponse, vous pourrez diriger à loisir la conversation grâce aux expressions-clés suivantes, qui vous permettront, dans toute conversation, d'obtenir l'information que vous souhaitez.

1. Ce qui signifie… En prononçant cette expression juste après que la personne a parlé, vous orientez ses pensées et la conversation vers une perspective plus large, et cela vous permet de mieux voir de quoi il retourne. La personne justifiera la position qu'elle a prise.

Exemple A

« Je suis la personne la mieux payée dans cet établissement.

– Ce qui signifie ?

– Que je suis le seul à avoir l'expérience et la formation nécessaires pour faire ce travail. J'ai mis quinze ans pour arriver là où je suis maintenant. »

Exemple B

« C'est moi qui suis responsable de tout.

– Ce qui signifie ?

– Que le patron m'a confié cette responsabilité quand il est parti. Si vous avez un problème quelconque, c'est à moi qu'il faudra en parler. »

2. Et… Ce simple petit mot vous permet d'obtenir davantage d'information « latérale ».

Exemple A

« Je regrette, mais nous ne pouvons pas faire mieux.

– Et… ?

– C'est notre meilleure offre. Nous avons vérifié les tarifs et les possibilités de livraison à trois reprises. »

Exemple B

« C'est moi qui suis responsable de tout.

– Et… ?

– Eh bien, tout est sous ma responsabilité : la gestion des stocks, la planification et les relations humaines. »

3. Et alors... Vous obligez ainsi votre interlocuteur à être plus précis, à vous donner des détails.

Exemple A

« Ce que je vous propose, c'est le meilleur niveau de soins que vous puissiez trouver.

– Et alors... ?

– Si vous venez chez nous, vous aurez droit à un bilan sanguin complet et à un examen radiographique. »

Exemple B

« Notre société vous garantit la sécurité d'emploi.

– Et alors... ?

– Et alors, si jamais vous aviez besoin d'un arrêt prolongé, vous seriez sûr de retrouver votre poste ensuite. »

4. Ce qui veut dire que maintenant... Vous obligez votre interlocuteur à traduire l'état qu'il exprime en action concrète. Il vous précisera ce qu'il veut dire et ce que cela implique pour vous.

Exemple A

« Notre politique consiste à être solidaires de nos actionnaires.

– Ce qui veut dire que maintenant... ?

– … vous pouvez soit nous suivre, soit retirer vos billes. Cela ne dépend que de vous. »

Exemple B

« Nous offrons les meilleures garanties.

– Ce qui veut dire que maintenant… ?

– … vous pouvez signer ici, et nous nous occuperons du reste. »

Quand il s'agit d'être plus précis

Il peut arriver que la réponse que vous obtenez ne vous soit pas d'une grande utilité. Il s'agit essentiellement des pensées et des actes. Nous allons voir ici comment procéder pour obtenir une réponse plus directe, plus fiable et plus exploitable.

En réponse à une opinion ou à une croyance

Exemple

« Je n'ai pas l'impression que la réunion se soit très bien passée.

– Comment cela ?

– Je n'en ai pas l'impression, c'est tout ! »

Pour obtenir une réponse plus intéressante, demandez plutôt :

« Par rapport à quoi ? »

« Jusqu'où la situation a-t-elle dégénéré ? »

Quand vous lui demandez une clarification, votre interlocuteur se sent davantage obligé de vous répondre, tandis qu'une question vague en réponse à une assertion d'ordre général n'amène qu'une nouvelle réponse aussi vague.

En réponse à une réticence à agir

Exemple A

« Je ne sais pas si je peux le faire.

– Comment, tu ne sais pas ? Qu'est-ce que tu veux dire ? (réponse vague)

– Je ne sais pas, point barre ! »

Exemple B

« Je ne sais pas si je peux le faire.

– Pourquoi ne pourrais-tu pas le faire ? (réponse vague)

– Je ne sais pas. Je ne peux pas. »

Pour obtenir une réponse plus intéressante, demandez plutôt :

« Plus précisément, qu'est-ce qui t'en empêche ? »

« Que faudrait-il pour que tu puisses le faire ? »

« Si tu le faisais, cela changerait quoi ? »

Comprenez-vous de quelle façon des questions plus spécifiques vous permettent d'obtenir une réponse plus précise ? Utilisez cette technique chaque fois que vous voulez clarifier une réponse trop évasive.

Que la vérité soit

Quelles sont les formules simples les plus efficaces ? Les trois suivantes :

Parce que. Nous sommes programmés pour accepter une explication commençant par ces deux mots.

L'impératif de la première personne du pluriel. Vous créez ainsi une ambiance de groupe, grâce à une expression positive qui incite à l'action.

Essayer. L'emploi de ce verbe est excellent pour motiver les gens, car il sous-entend que l'on peut très bien ne pas réussir et que c'est tout à fait normal. Nous aimons tous *essayer*. Dans la phrase suivante, nous associons les trois éléments qui précèdent et obtenons une phrase qui n'a pas de sens mais qui semble en avoir :

« Essayons, parce que si ça ne marche pas, nous pourrons toujours faire comme avant. »

À l'évidence, vous n'avez formulé aucune raison pour que l'on agisse. Et pourtant, c'est aussi efficace.

Une personne ne se mettra sur la défensive que si elle se sent attaquée, alors pourquoi l'attaquer ? Voyons comment les expressions qui précèdent nous permettent de savoir la vérité.

« Tu as pris cinq euros dans la petite caisse ? »

« Pourquoi as-tu pris cinq euros dans la petite caisse ? »

« Arrête de prendre de l'argent dans la petite caisse ! »

Quel est le point commun entre ces trois questions ? Ce sont autant d'accusations, qui risquent fort de susciter une réponse automatique du genre « Ce n'est pas moi ». Vous voulez savoir si c'est ce type qui a pris l'argent ? Dites-lui simplement : « L'argent que nous prenons dans la petite caisse, tâchons de le limiter à moins de dix euros à la fois, ça passera mieux ainsi. » De cette façon, personne ne se sentira agressé, et vous connaîtrez plus facilement la vérité.

Chaque fois que vous voudrez obtenir une information sans avoir l'air de l'exiger ni de lancer une accusation, utilisez ces formules (*parce que*, l'impératif de la première personne, et *essayer*).

Comment reprendre le contrôle de la conversation

Vous voilà désormais en mesure de connaître la vérité dans toute situation et dans toute conversation. Cependant, pour cela, encore faut-il que l'on vous laisse parler. Si votre interlocuteur a tendance à monopoliser la parole ou à vous interrompre, les exemples qui suivent

→

peuvent faire des miracles. Choisissez celui qui sera le plus approprié, et jouez sur deux traits exploitables de la nature humaine : l'ego et la curiosité.

1. « Vous êtes quelqu'un d'intelligent : laissez-moi vous poser une question. »
2. « Donnez-moi votre avis sur une chose. »
3. « Aurai-je l'honneur d'être le premier homme à finir une phrase en votre présence ? »
4. « Ne montrez pas votre ignorance en interrompant les autres. »
5. « S'il y a conflit entre les faits et votre opinion, j'en suis bien désolé, mais j'aimerais savoir... »
6. « Vous pouvez peut-être m'aider. »
7. « Je sais que vous aimeriez que je vous pose la question que voici. »
8. « Vous êtes sans doute la seule personne à connaître la réponse. »
9. « J'espère que cette nouvelle ne va pas vous bouleverser. »
10. « Avant d'ajouter quoi que ce soit, répondez donc à cette question. »
11. « Je tiens à accorder toute mon attention à ce que vous êtes en train de me dire, alors laissez-moi simplement régler ça. »
12. « En espérant ne pas vous offenser... »
13. « Je ne voudrais pas que vous passiez à côté de cela. »
14. « C'est bien la dernière fois que vous allez entendre parler de cela. »
15. « Avez-vous une bonne mémoire ? Bien, alors, voilà quelque chose que vous n'oublierez pas. »

16. « Je regrette que le milieu de ma phrase ait interrompu le début de la vôtre. »
17. « À ce propos… » Il devient facile de changer le sujet de la conversation dès que vous partez des dernières pensées de votre interlocuteur.

Des milliers d'années plus tard,
le cheval de Troie est toujours en vogue.
Méfiez-vous !

4

Des jeux d'esprit

« Je suis différent de Washington,
j'ai des principes de conduite
plus exigeants que lui.
Washington est incapable de mentir.
Moi, j'en suis capable, mais je ne le fais pas. »

Mark Twain

Dans ce chapitre, vous allez découvrir deux techniques très efficaces. La première vous permettra tout d'abord d'éviter que l'on vous mente. La seconde vous permettra de connaître les véritables intentions de votre interlocuteur, quelle que soit la situation.

Une bonne défense contre le mensonge

Comme dit une maxime, la meilleure défense, c'est l'attaque. Dès que l'on vous ment, vous pouvez facilement savoir la vérité grâce aux techniques que vous avez maintenant apprises. Cependant, le meilleur moment pour affronter le menteur, c'est avant qu'il ne formule son mensonge. Cela vous semble confus ? La technique qui suit sert à confirmer un soupçon avant d'être trompé.

Méthode 1

Faire croire que vous connaissez la vérité

C'est la méthode à utiliser pour connaître la vérité sur le comportement passé de la personne. Voici un exemple de situation : vous soupçonnez votre fils de douze ans de fumer des cigarettes. Les techniques qui suivent sont classées de la pire à la meilleure.

a. « Tu n'aurais pas fumé, par hasard ? Si c'est ça, tu vas avoir affaire à moi, tu peux en être sûr ! » Cette technique est lamentable, mais elle est malheureusement la plus courante. Dans votre colère, vous associez l'aveu à la punition, ce qui dissuade complètement votre enfant de reconnaître sa faute. C'est le meilleur moyen de l'inciter à mentir.

b. « Tu as fumé, n'est-ce pas ? » Là, il y a déjà un progrès, car vous lui indiquez que vous avez une preuve. Cette technique est parfois efficace. Votre enfant n'aura peut-être pas envie d'ajouter le mensonge à l'acte répréhensible déjà accompli.

c. « Je voudrais te dire quelque chose à propos de tes cigarettes. » Vous tenez la chose pour acquise. Votre enfant se dit que vous êtes déjà au courant. Il s'agit d'en discuter. Vous obtiendrez peut-être une réponse du genre : « Je ne veux pas en parler. » Au moins, une telle réponse vous révèle la vérité.

d. « Je suis au courant des cigarettes et de tes cachotteries. Tu sais que cela ne me fait pas plaisir, mais je voudrais simplement que tu me promettes que tu ne vas pas te mettre à boire de l'alcool avant d'avoir dix-huit ans. »

Cette technique est de loin la plus subtile, car elle agit à plusieurs niveaux. Tout d'abord, vous tenez la chose pour acquise : vous êtes « au courant ». Ensuite, vous utilisez deux truismes, ou faits incontestables (voir chapitre 5). Les expressions « tes cachotteries » et « cela ne me fait pas plaisir » vous permettent d'en appeler à son sens de l'honnêteté. Vous évoquez deux faits dont votre enfant connaît la véracité : ses cachotteries et votre mécontentement. Il est donc disposé à ne pas remettre en cause ce qui va suivre. En troisième lieu, vous lui laissez une porte de sortie. Il lui suffit de vous promettre qu'il ne boira pas. Pas de menace ni de sanction, simplement des déclarations franches suivies d'un accord auquel il va croire.

Les règles à suivre sont les suivantes :

1. Tenez pour acquis le fait dont vous le soupçonnez.
2. Citez au moins deux évidences (deux faits que vous savez l'un et l'autre être vrais).
3. Attirez son attention sur une demande plutôt que sur une menace.
4. Cette demande doit être pour lui facile à accepter, et elle doit lui paraître raisonnable.

Méthode 2

Cacher vos réelles intentions

Vous pouvez utiliser cette méthode lorsque vous voulez savoir la vérité concernant une nouvelle décision. Elle est simple mais très efficace. Il arrive souvent qu'il soit plus facile pour une personne de mentir que de dire la vérité. Elle sait quelle est la réponse que vous avez envie d'entendre, et c'est cette réponse qu'elle va vous donner, qu'elle y croie ou non.

Cependant, si la personne ne sait pas quel est votre désir, elle ne pourra pas vous tromper. Lisez les exemples qui suivent, et remarquez de quelle façon la deuxième partie de chaque formule masque votre véritable question.

- « Nous sommes en train de réviser l'organigramme. Est-ce que cela vous dirait de travailler dans le département finance, sous ma responsabilité directe ? » ou bien « Nous procédons à quelques réaffectations. Préféreriez-vous acquérir davantage d'expérience dans la finance ou dans le marketing ? »
- « Veux-tu que je te prépare le repas ce soir ? » ou « As-tu envie d'aller au restaurant ce soir ? »
- « Je me demandais si on ne pourrait pas inviter Sabrina. Qu'en penses-tu ? » ou « Qu'est-ce que tu penses de Sabrina ? »

Quand vous utilisez cette technique, faites en sorte de bien masquer votre préférence, afin d'obtenir une réponse honnête.

Connaître son ennemi : sachez à quel menteur vous avez affaire et quelles sont ses intentions

L'exemple suivant illustre une approche de plus en plus utilisée dans les tests d'embauche. On pose au candidat les questions qui suivent pour savoir s'il est honnête. Si vous vouliez réellement décrocher un emploi, quelles réponses feriez-vous à ces questions ?

« Avez-vous déjà volé quelque chose au cours de votre existence ? »

« Avez-vous déjà brûlé un feu rouge ? »

« Avez-vous parmi vos amis quelqu'un qui aurait déjà commis un vol à l'étalage ? »

« Avez-vous déjà pensé à tuer quelqu'un ? »

Nombreux sont ceux qui ne devraient pas répondre non à toutes ces questions. Une réponse par l'affirmative est précisément ce que l'employeur attend. Pourquoi ? Parce qu'à moins d'être un saint, la réponse honnête est généralement « oui ». La tâche du recruteur est de déterminer qui est sincère dans ses réponses et qui ne l'est pas. Ce n'est pas parce que vous aviez volé un jour un paquet de chewing-gums à l'âge de douze ans que vous ne méritez pas le poste que vous convoitez.

Si l'épouvantail n'éloigne plus les corbeaux, d'autres astuces sont souvent plus efficaces…

Le but de cette méthode n'est donc pas de déterminer de quoi la personne est coupable, mais de savoir si elle est honnête et s'il est possible de lui faire confiance dans une situation donnée. Supposons qu'un adolescent toxicomane, livré à lui-même depuis deux ans, cherche à retourner vivre chez sa mère. La question est alors de savoir s'il sera capable de s'amender. Sa mère pourra poser comme condition, pour qu'il revienne, qu'il suive un programme de désintoxication. Il acceptera, sincèrement ou non, et cela ne laissera pas présager de ses véritables intentions. Cependant, si sa mère a lu ce livre, elle lui dira plutôt qu'elle l'autorise à revenir seulement s'il renonce du jour au lendemain à toutes les drogues.

À la réponse que lui fera son fils, elle pourra alors évaluer sa détermination à reprendre le droit chemin, et c'est ce qui importe. Évidemment, son fils aura des difficultés à s'affranchir aussi rapidement de sa dépendance. C'est pourquoi, s'il prétend pouvoir le faire, elle saura qu'il n'est pas sincère. Au contraire, s'il lui répond que ce n'est pas possible mais qu'il compte procéder par étapes pour s'en sortir, elle saura que c'est véritablement son intention.

Un conseil : Pour mentir, il faut généralement avoir une raison de le faire. Faute de raison de mentir, la personne vous dira plutôt la vérité. Il s'agit donc de la lui demander avant qu'elle n'ait une raison de vous mentir. Votre principal atout consiste à savoir à qui vous avez affaire. Si vous interrogez un vendeur sur la qualité d'un produit, faites-le *avant* qu'il sache que vous envisagez d'acheter ce produit : faute de quoi, il peut trouver qu'il est dans son intérêt de vous mentir. Posez votre question de façon détachée, sans exprimer d'intérêt pour la chose, et votre interlocuteur n'aura aucune raison réelle de vous dissimuler la vérité.

Pour avoir une idée de l'honnêteté et des intentions de votre interlocuteur, proposez une solution que vous savez présenter une sérieuse difficulté. Si votre interlocuteur fait état de cette difficulté, c'est l'indice qu'il se soucie du même objectif que vous. Au contraire, s'il n'émet pas de réserves, c'est qu'il a des motivations inavouées et qu'il n'est pas honnête avec vous.

5

Des techniques perfectionnées

« Les pieux mensonges qui s'additionnent, c'est la manipulation. »

David J. Lieberman

Ce chapitre présente les techniques les plus perfectionnées pour connaître la vérité. À l'aide de procédés inspirés de l'hypnose et d'un système que j'ai mis au point, Trance-Scripts, vous pourrez directement dicter vos instructions à l'inconscient de vos interlocuteurs : et tout cela, au cours de la conversation et à leur insu. Grâce à ce système, vous les obligerez à vous dire la vérité. Pour utiliser ces techniques, faites preuve de jugement et de prudence !

Les commandes cachées

Nous allons étudier une technique qui vous permettra de faire pénétrer vos suggestions directement dans l'inconscient de votre interlocuteur. Les commandes cachées, ce n'est pas autre chose : des commandes dissimulées dans une phrase.

Ces commandes peuvent être utilisées conjointement avec les plans d'attaque ou avec les balles d'argent. Dans la phrase qui suit, les commandes cachées sont en italiques.

À vous de savoir si vous *dites la vérité* ou si vous évitez de la dire.

L'esprit conscient perçoit l'intégralité du message, mais la commande – dire la vérité – est perçue directement par l'inconscient. Cette technique est très simple et ne repose que sur deux règles. La première est de commencer par un verbe indiquant l'action, pour un maximum d'efficacité. En effet, vous demandez à votre interlocuteur de faire quelque chose. La deuxième est que la commande doit être séparée du reste de la phrase par ce que l'on appelle un marqueur analogique. Pour cela, vous pouvez procéder de plusieurs façons :

1. Augmenter ou diminuer légèrement le volume de votre voix au moment où vous prononcez la commande.

2. Faire précéder et suivre la commande d'une courte pause, exemple : « Parfois, il arrive que l'on... soit fasciné... par ce qu'on lit. »

3. Faire un geste de la main afin de distraire momentanément l'esprit conscient de votre interlocuteur au moment où son inconscient percevra comme un ordre la commande cachée. Le geste ne doit pas être trop flagrant, ni la pause trop longue, car votre interlocuteur serait surpris et se demanderait ce que vous essayez de faire. Il s'agit de rester simple et naturel.

Ce qui suit est un exemple générique de la façon dont il convient de procéder. Les commandes cachées sont en italiques.

Si tu en as envie, *dis-moi ce qui se passe*, et sinon ne me le dis pas. Si tu *penses* en toi-même que *tu veux dire ce que tu sais*, alors *dis-le*, tout simplement. Je souhaite que tu *réalises que c'est la bonne décision.* Quand on *dit la vérité*, il n'y a plus de malentendus, on *met les choses au clair.*

4 – 3 – 2 – 1

La technique que nous allons voir maintenant est impressionnante. Elle est efficace car le cerveau de votre interlocuteur, lorsqu'il vient de recevoir plusieurs messages qu'il enregistre comme fiables, s'attend à ce que la suite – votre suggestion – soit fiable également. Dans la mesure où votre suggestion reste crédible, il la reçoit comme vraie.

Le processus est simple. Vous énoncez quatre faits incontestables suivis d'une suggestion, puis trois faits incontestables suivis de deux suggestions, puis deux faits incontestables suivis de trois suggestions, et pour finir, un fait incontestable suivi de quatre suggestions. Peu importent les faits incontestables : ils peuvent concerner le lieu dans lequel vous vous trouvez, le temps qu'il fait, tout ce qui ne prête pas à controverse. Quant aux suggestions, il s'agit de ce que vous voulez que votre interlocuteur fasse. En associant des faits vérifiables à une suggestion particulière, vous amenez votre interlocuteur à accepter celle-ci.

Scénario :
s'inspirer des méthodes de police

Un enquêteur de police cherche à faire avouer un suspect. Les expressions soulignées sont les faits incontestables et les expressions en italiques sont les suggestions. Vous pouvez aussi associer cette technique aux commandes cachées, qui sont indiquées ici entre parenthèses.

Vous êtes assis sur cette chaise, vous vous demandez ce que vous devez faire et vous êtes probablement en train de peser le pour et le contre. Vous voulez agir dans votre intérêt et votre intérêt est de me *(raconter ce qui s'est passé)*.

Nous savons que dans le passé, vous avez déjà été arrêté pour vol, et que vous avez bénéficié d'un sursis avec mise à l'épreuve. Vous êtes sans doute inquiet. *Il faut que vous (soyez sûr que je suis de votre côté)* et *je veux que vous (voyez les avantages pour vous de me dire la vérité).*

Écoutez, ce que vous voulez, c'est vous sortir de là. Et vous savez bien que je n'ai pas que cela à faire de discuter avec vous toute la journée. *Si vous (dites ce que vous savez), vous vous sentirez sans doute soulagé. Vous vous épargnerez bien des soucis et vous pourrez (retrouver une existence tranquille quand tout cela sera réglé).*

Je sais que vous avez passé jusqu'ici le plus clair de votre temps à vivre d'expédients. *Vous avez maintenant une chance de pouvoir prendre un nouveau départ. (Pensez à tout ce que vous pourrez faire) si vous (revenez dans le droit chemin). Vous pourrez (trouver un travail respectable) et (veiller mieux sur votre famille).*

Des sollicitations inconscientes

Voyons maintenant comment utiliser les commandes cachées d'une façon tout à fait nouvelle. Vous allez pouvoir émettre la suggestion d'une action palpable, ce qui vous permettra de détecter les signes de tromperie chez votre interlocuteur sans avoir besoin de continuer à le questionner. Au cours de la conversation, guettez les attitudes que vos expressions doivent logiquement provoquer.

Exemples

« Je ne dis pas que vous *raidissez votre corps quand vous mentez.* »

« J'ignore si vous me dites la vérité ou non. Sauf si vous *clignez des yeux rapidement.* »

« Si vous… *aimez ce que vous lisez*… il se peut que vous *souriiez… maintenant.* »

Cette technique consiste à cacher dans votre phrase une commande dont l'exécution est immédiatement observable. Utilisez autant de commandes cachées que bon vous semblera. Veillez simplement à suivre toujours la même procédure.

Dissociation

Pour que votre interlocuteur ait moins de réticences à vous dire la vérité, pratiquez la dissociation sur sa personne. Non, pas avec une tronçonneuse ! Il s'agit d'intervenir au niveau psychique, en opposant deux entités au sein d'une même personne : l'ancienne personne qui ment et la nouvelle personne qui suit un code moral rigoureux.

Cette technique vous permet d'atténuer considérablement le sentiment de culpabilité de votre interlocuteur. En effet, celui-ci ne se sent plus obligé de se justifier de ses actes, dès lors qu'ils sont imputables à son « ancien moi ». Le processus de dissociation est très utile dans le traitement des phobies.

Dans votre conversation, continuez de répéter des expressions comme celles qui suivent. Faites bien en sorte d'opposer le nouveau moi à l'ancien moi de votre interlocuteur.

« Votre ancien moi en était peut-être capable. Mais vous savez que vous ne feriez jamais cela maintenant. »

« Vous n'êtes plus la même personne aujourd'hui. Je suis sûr que vous êtes vous-même plus sévère que moi vis-à-vis de votre ancien moi. Mais vous n'êtes plus cette personne maintenant. »

« Vous n'êtes responsable que de ce que vous êtes aujourd'hui, et vous êtes aujourd'hui une personne honnête et loyale. »

À l'aide de ces phrases simples, vous le désarmez. Soit elles feront leur effet tout de suite, soit il vous faudra attendre un peu. Cependant, à force de les entendre, votre interlocuteur finira par craquer et par vous dire la vérité.

Tout est dans les yeux

La technique dont nous allons maintenant parler est fondée sur le principe suivant : une personne qui pense sollicite différentes zones de son cerveau, selon l'information dont elle a besoin. On peut s'en rendre compte en observant ses yeux.

Les droitiers accèdent à leur mémoire visuelle en levant les yeux vers la gauche. Chez les gauchers, c'est l'inverse : les yeux montent vers la droite. Quand un droitier cherche à *créer* une image ou un fait, il lève les yeux vers la droite, et inversement pour un gaucher.

Pourquoi ne pas en faire l'expérience ? Vous souvenez-vous de la couleur de votre première voiture ? En supposant que cela vous demande un petit effort de mémoire, il y a de bonnes chances pour que vous leviez les yeux vers la gauche si vous êtes droitier, et vers la droite si vous êtes gaucher.

Un jour, alors qu'un homme politique faisait des déclarations devant le Congrès américain, il levait les yeux vers la gauche à chaque effort de mémoire : signe évident qu'il évoquait des faits réels et n'inventait rien. Du moins, c'était ce que j'avais pensé, jusqu'à ce que je tombe sur une photo de lui, publiée par le magazine *Time*, sur laquelle on le voyait tenir son stylo dans sa main *gauche*.

Dans toute conversation, vous pouvez recourir à cette technique pour déterminer si la personne *crée* l'information (si elle invente une histoire) ou si elle *s'en souvient* (si elle évoque un fait réel). Il vous suffit d'observer ses yeux.

Un signal qui incite à dire la vérité

Vous avez certainement entendu parler des expériences que Pavlov faisait sur les chiens. Au moyen d'une fistule implantée par chirurgie, il comptait les gouttes de salive sécrétées par un chien après lui avoir mis dans la gueule un aliment en poudre. Cependant, il avait fini par remarquer que les chiens commençaient à saliver dès qu'il entrait dans la pièce. Cette salivation ne pouvait pas être un réflexe inné, puisqu'elle ne s'était pas produite dès le début. Il fallait d'abord que les chiens associent l'arrivée de Pavlov à un événement futur, la nourriture. C'est ce que Pavlov a appelé le réflexe psychique ou réflexe conditionné.

Nous pouvons trouver des exemples de réflexes conditionnés dans notre propre existence. Ainsi, par exemple, il est possible que l'odeur de la vodka vous rende malade en raison d'une mauvaise expérience que vous avez eue avec la vodka il y a plusieurs années. Ou bien, peut-être l'audition d'une certaine chanson à la radio vous fait-elle penser à un ami que vous aviez oublié. Ce sont là autant d'exemples d'association entre un état émotionnel et un stimulus unique : une image, un son, un nom ou un goût.

Nous allons utiliser le même principe, mais d'une façon tout à fait nouvelle. Au poker, il arrive qu'un joueur ait tendance à faire inconsciemment un geste dans une situation donnée. S'il se sent nerveux, par exemple, il clignera des yeux, baissera les yeux ou se dandinera d'une certaine façon. Les joueurs professionnels s'exercent à remarquer ces indices qui leur permettent de se faire une idée de la main de leur adversaire.

Quant à vous, vous allez transmettre à votre interlocuteur un signal qui vous permettra d'obtenir de lui qu'il vous dise la vérité dans une situation quelconque – maintenant ou dans le futur.

Voici comment procéder. Posez à votre interlocuteur une série de questions auxquelles il pourra répondre facilement et en confiance. Lorsqu'il vous répond, marquez sa réponse d'un mouvement particulier. Ensuite, quand vous lui poserez une question dont vous ignorez la réponse réelle, faites le même mouvement. Inconsciemment, il se sentira obligé de vous répondre honnêtement, de la même manière que les chiens de Pavlov, lorsque celui-ci entrait dans la pièce, savaient qu'ils allaient avoir quelque chose à manger.

Votre choix de signal et de questions ne doit pas paraître artificiel. Faites en sorte que vos questions incitent votre interlocuteur à y répondre de la façon la plus sincère. Quant aux gestes qui vous serviront de signaux, il ne faut pas qu'ils soient trop communs, sinon ils perdront toute signification. Vous n'êtes pas obligé de poser toutes vos questions l'une après l'autre, et le nombre de questions à poser pour rendre un signal opérant n'est pas déterminé.

Ainsi, par exemple, pendant que votre mari savoure son plat préféré, vous pouvez lui demander : « Tu te régales ? » Tout en posant votre question, faites le geste qui vous servira de signal : vous pouvez incliner légèrement la tête sur le côté, ou bien vous toucher le nez. Ensuite, posez une série de questions – quatre ou cinq – tout en continuant à faire le même mouvement à chaque fois. Le signal est ainsi renforcé. Bientôt, pour obtenir une réponse sincère, il vous suffira de poser votre question tout en produisant le signal approprié.

Le ciel et l'enfer

Cette technique ne doit servir qu'en dernier recours. Elle fait partie des processus qui ne devraient être utilisés qu'avec bon sens, avec jugeote et avec décence.

L'hypnose peut servir à traiter les phobies, les troubles anxieux ou les crises de panique. La technique dont il s'agit ici consiste à inverser le processus pour susciter une forme de phobie, de telle sorte que la malhonnêteté s'accompagne inévitablement d'une angoisse irrépressible. Lorsque la douleur est associée à la tromperie et le plaisir à la sincérité, l'aveu devient le moyen unique d'apaiser la douleur.

Le processus est similaire à celui du signal qui incite à dire la vérité, sauf qu'ici, à chaque fois que votre interlocuteur éprouve quelque chose de désagréable (il se tord le pied, il se dispute avec un voisin, etc.), vous en faites un signal ; de même, chaque fois qu'il est déçu ou déstabilisé. Ensuite, vous lui posez votre question, et si vous n'obtenez pas la réponse souhaitée, c'est-à-dire si vous avez l'impression qu'il vous ment, vous émettez le signal désagréable. Ainsi, il ne tardera pas à associer le mensonge au désagrément et à la douleur, qu'il ne pourra dès lors apaiser qu'en vous disant toute la vérité. Pour renforcer encore cette association, accentuez le contraste en liant un autre signal à une expérience agréable (séduction, bonne chose à manger, relaxation, etc.).

La transition

Dans la partie 2, nous avons évoqué rapidement l'importance des affinités. Quand nous sommes sur la même longueur d'onde que notre interlocuteur, nous communiquons sans effort. Lorsque nous cherchons consciemment à être en sympathie avec lui, c'est-à-dire à nous adapter à sa psychologie, nous nous adaptons physiquement. Nos gestes, notre posture et notre débit s'accordent aux siens. Ensuite, il est possible de mener le dialogue, ce qui peut se révéler très efficace lorsque vous procédez ainsi :

Après avoir créé un rapport de confiance avec votre interlocuteur, vous lui dites tout ce qu'il est susceptible de penser. En reflétant ainsi ce qu'il pense, vous procédez à un alignement psychologique. Ensuite, c'est vous qui menez sa pensée à votre guise en lui expliquant pourquoi le mieux pour lui est de vous dire la vérité. Si vous procédez correctement, il vous suivra.

Exemple : le plus simple serait d'avouer...

« Vous n'êtes pas prêt à me dire la vérité, je sais que c'est là ce que vous pensez. Je suis sûr que vous auriez préféré que toute cette conversation n'ait pas lieu maintenant. Vous pensez certainement que je ne vais pas aimer votre attitude et que nous allons avoir une dispute. Vous pensez peut-être que vous n'avez aucune raison de me dire les choses telles qu'elles sont. Peut-être que j'y attache plus d'importance que ce que cela mérite vraiment. Je comprends. Nous faisons tous des erreurs, et celle-ci, vous préféreriez qu'on l'oublie, tout simplement. Je suis sûr qu'à votre place, j'aurais exactement le même sentiment. Mais comme je n'y suis pas, *tout ce que je peux vous dire, c'est ce que cela fait d'être à la mienne* [avec cette phrase, vous commencez à mener la conversation]. »

« Il n'y a pas de problème. Vraiment pas. Parlons franchement. Dites-moi exactement ce qui s'est passé, et vous verrez que c'est la seule chose à faire. Je serai heureux de pouvoir régler cette histoire avec vous, et vous savez que vous en serez heureux vous aussi. Cela nous permettra de passer à autre chose. Faisons ainsi, car c'est le plus logique pour vous comme pour moi. »

Comment stopper net la conversation

Nous allons maintenant voir quelles expressions peuvent permettre de dérouter votre interlocuteur. Il s'agit de le déstabiliser temporairement, le temps que son cerveau parvienne à traiter l'information. Utilisez ces expressions lorsque vous avez besoin de reprendre le contrôle de la conversation ou de refaire de l'ordre dans vos idées. Compte tenu de leur effet inattendu, vous serez peut-être obligé vous-même de les relire plusieurs fois.

1. « Pourquoi m'interrogez-vous sur ce sur quoi vous n'êtes pas vous-même fixé ? »
2. « Croyez-vous vraiment à ce que vous pensiez savoir ? »
3. « Pourriez-vous me donner un exemple ? Ce serait utile. »
4. « Tout ce que vous pouvez feindre, vous pouvez le maîtriser. »
5. « Je comprends ce que vous dites… mais cela n'en fait pas une vérité. »
6. « Si vous aviez pensé que je croirais cela, vous ne l'auriez pas dit. »
7. « Votre question est ce que vous saviez qu'elle serait, n'est-ce pas ? »
8. « Votre réponse révèle ce dont vous n'avez pas conscience. »
9. « Croyez-vous que vous saviez ce que vous avez pensé ? »
10. « Quand vous avez une pensée, comment faites-vous pour y mettre fin ? »

11. « Pourquoi croiriez-vous quelque chose de faux ? »
12. « Pourquoi êtes-vous d'accord avec ce que vous savez déjà ? »
13. « Quand vous avez une idée, que se passe-t-il ? »
14. « Moins vous essaierez, et plus vous serez d'accord… »
15. « Avez-vous conscience de ce que vous avez oublié ? »

Voyez par vous-même

Vous pouvez tirer du pouvoir de l'attente et de la suggestion un parti formidable. Lorsque vous cherchez à obtenir de votre interlocuteur qu'il vous dise la vérité, son esprit lui permet souvent de bien se défendre. Cependant, lorsque vous réussissez à retourner son esprit contre lui-même, c'est gagné d'avance.

N'avez-vous jamais remarqué ce phénomène ? Vous vous achetez une nouvelle voiture, et vous avez soudain l'impression que presque tout le monde, autour de vous, a la même. Ou bien, vous suivez un régime, et vous ne pouvez plus faire deux pas sans vous retrouver devant une pâtisserie ou un glacier. En réalité, ce n'est pas le monde qui a changé autour de vous, mais la perception que vous en avez. Si vous ne pouvez pas changer la réalité dans laquelle évolue la personne qui vous cache la vérité, efforcez-vous plutôt de changer sa façon de percevoir cette réalité. Cela peut donner d'aussi bons résultats.

Faites croire à une voisine qu'il y a eu du vandalisme dans le quartier, et elle ne tardera pas à avoir l'impression que sa poubelle a été détériorée, que sa boîte à lettres est de travers ou qu'il y a quelque chose qui cloche de l'autre côté de la rue. Le soir, elle remarquera des bruits inhabituels. En réalité, elle les a peut-être déjà entendus des milliers de fois, mais sans y prêter attention. À présent, elle leur trouve une autre signification.

Pour pratiquer cette technique avec succès, il faut surtout réussir à insuffler une suggestion et à la laisser se manifester dans l'esprit de l'interlocuteur. Celui-ci sera alors amené à reconsidérer son attitude, sans qu'une confrontation directe ait nécessairement eu lieu. Il convient de noter que cette méthode peut entraîner un état passager de paranoïa légère, surtout lorsque deux ou plusieurs personnes formulent la même suggestion.

Mentir exige beaucoup (trop) de talent.

Scénario : rendre le menteur paranoïaque

Vous pensez qu'une collègue a volé des fournitures de bureau.

Comment formuler votre demande (1re possibilité) : « Samantha, n'as-tu pas remarqué que les gens te regardent d'un drôle d'air ? » Dès lors, vous pouvez être sûr que Samantha aura l'impression que tout le monde la regarde d'un drôle d'air.

Comment formuler votre demande (2e possibilité) : « Samantha, je crois que tout le service est au courant de l'histoire des fournitures de bureau. N'as-tu pas remarqué la façon dont certains te fixent des yeux de temps en temps ? » Cette formulation est plus directe et plus proche de la confrontation.

Si Samantha a bel et bien volé des fournitures de bureau, elle va avoir l'impression que tout le monde l'observe et elle ne va pas tarder à être persuadée que tout le monde lui en veut.

6

La psychologie à votre service

« Les hommes trébuchent parfois
sur la vérité, mais la plupart se redressent
et passent vite leur chemin comme
si rien ne leur était arrivé. »

Winston Churchill

Pour pouvoir connaître la vérité, vous devez être capable de prendre le contrôle de la situation, d'exercer un ascendant sur votre interlocuteur, et surtout, de prédire sa réponse. Les dix lois fondamentales du comportement humain vous permettront de faire votre chemin sur les eaux agitées de la conversation et du débat. Sachant de quelle manière le cerveau traite l'information, vous serez capable d'influencer facilement les décisions des autres et de leur faire dire la vérité.

Les dix lois fondamentales du comportement humain

1. Quatre-vingt-dix pour cent de nos décisions se fondent sur l'émotion. La logique n'intervient qu'ensuite, elle nous sert à justifier nos actes. Si vous vous en tenez à la seule logique pour influencer votre interlocuteur, vous aurez peu de chances de parvenir à vos fins. L'invocation de beaux principes comme « la simple honnêteté est la meilleure politesse » ou « avec un mensonge on va loin, mais sans espoir de retour » ne vous sera d'aucune aide. À partir de la logique et de la pensée sensible, il vous faut jouer sur l'émotion, et faire en sorte que votre interlocuteur perçoive un avantage direct à aller dans votre sens.

Ainsi, par exemple, une mère pourra dire à son enfant : « Quand tu mens, cela me fait souffrir. J'aimerais tant pouvoir te faire confiance. Si je te fais confiance, cela voudra dire que tu auras de plus grandes responsabilités : tu pourras passer la nuit chez tes amis ou aller avec eux au zoo. »

Vous pouvez faire miroiter à votre interlocuteur des avantages qui l'intéressent plus particulièrement et qui font appel à ses émotions. Tous les plans d'attaque et toutes les balles en argent sont chargés d'émotions.

2. La façon dont nous réagissons à une bonne ou à une mauvaise nouvelle dépend de la façon dont nous la recevons. Lorsqu'une personne est frappée de façon particulière par un événement, c'est souvent en raison d'une au moins de ces trois distorsions mentales :

1. Elle voit cette situation comme permanente ;
2. Elle lui accorde une importance critique, et donc excessive ;
3. Elle a l'impression que divers aspects de son existence en seront affectés. Une seule de ces croyances suffit à rendre cette personne anxieuse et abattue.

Au contraire, lorsque nous considérons un problème comme momentané, isolé et insignifiant, nous n'en sommes pas affectés. En gonflant ou en réduisant l'importance de ces facteurs dans l'esprit de votre interlocuteur, vous obtiendrez tout de suite un changement d'attitude chez cette personne vis-à-vis d'une situation donnée, que ce soit dans un sens positif ou négatif.

3. Si votre interlocuteur s'accroche à sa position, agissez sur la seule chose sur laquelle vous pouvez encore le faire : sur sa physiologie. L'état émotionnel d'une personne est fonction de son état physique. Si votre interlocuteur se fige dans une position de refus, faites ce que vous pouvez pour qu'il bouge. Cela lui évitera de se figer mentalement, et ainsi, il pourra plus facilement changer de point de vue. S'il est assis, faites qu'il se lève et qu'il marche. S'il est debout, essayez d'obtenir qu'il s'asseye. La rigidité du corps entraîne la rigidité de l'esprit.

4. Ne demandez pas à une personne de changer de point de vue sans lui donner une information complémentaire. N'oubliez pas que votre interlocuteur vous écoute avec son ego, et qu'il vous faut faire avec. Nombreux sont ceux qui penseraient faire preuve de faiblesse en changeant d'avis : ils auraient le sentiment qu'ils ont cédé, et que c'est vous qui avez gagné.

Par conséquent, avant de demander à votre interlocuteur de changer d'avis, donnez-lui l'information supplémentaire qui lui permettra de prendre une nouvelle décision. Les hommes politiques, qui n'ont jamais envie de paraître mous ou influençables, ont un certain penchant pour ce genre d'échappatoire. Vous les entendrez rarement admettre qu'ils ont changé d'avis sur un sujet : ils diront plutôt que leur position a évolué.

Ainsi, par exemple, vous pourriez dire à votre interlocuteur : « Je peux comprendre pourquoi vous avez réagi ainsi à ce moment précis, mais si l'on prend en compte le fait que [une nouvelle information pouvant justifier qu'il change d'attitude], je pense que vous me devez une explication. »

Toutefois, la façon dont vous allez présenter cette nouvelle information est cruciale. Si vous mentionnez un fait qu'il ignorait mais qui est déjà ancien, il ne voudra pas avoir l'air bête en vous avouant qu'il l'ignorait. Au contraire, plus l'information paraîtra récente, et plus il sera disposé à réviser son jugement et à changer d'attitude.

5. Parfois, pour aboutir à la solution, il est nécessaire d'aggraver le problème. Il y a quelque temps, je me trouvais chez un ami. Son fils de six ans déclara qu'il était en colère parce qu'on ne voulait pas lui donner une glace pour son petit déjeuner. Avec l'accord de mon ami, je dis à l'enfant : « Tu as raison, Théo, et cela te dérange tellement que tout ce que tu peux faire, c'est être en colère. Il va falloir d'abord que tu restes assis pendant deux heures, jusqu'à ce que ta colère soit passée. » Inutile de dire que Théo surmonta très vite sa colère.

Un de mes amis avait une secrétaire qui n'arrêtait pas de faire le ménage dans ses affaires. Il avait beau essayer de la chasser de son bureau, elle ne pouvait s'empêcher de faire de l'ordre, encore et encore. Elle travaillait à ses côtés depuis plus de quinze ans et il n'allait pas se séparer d'elle pour si peu. Cependant, cette habitude qu'elle avait prise devenait très horripilante. La solution qu'il trouva fut de créer le désordre exprès, si bien que chaque matin, son bureau semblait avoir été dévasté par une tornade. Sa secrétaire finit par lui dire qu'elle le soupçonnait de profiter de sa bonne nature pour ne faire aucun effort, après quoi elle ne tarda pas à cesser de ranger son bureau.

Dès qu'il est vain d'argumenter, cessez de discuter. Adoptez une attitude diamétralement opposée, et présentez à votre interlocuteur, sous une forme exagérée, ce qu'il a l'habitude de rechercher. Souvent, c'est ainsi que vous parviendrez à lui faire adopter une position plus neutre.

6. Les gens font ce que l'on attend d'eux. Si vous avez l'habitude de répéter dix fois la même chose, cela signifie que vous vous attendez à ce que l'on ne vous écoute pas. Prenez modèle sur la façon dont ceux qui détiennent l'autorité – par exemple les agents de police – s'y prennent pour maîtriser une situation donnée. Vous ne les voyez pas hurler, crier ni insister. Un geste de la main, et la circulation s'arrête. Quand ils ont quelque chose à dire, ils le disent une fois, de façon claire et directe, et cela suffit.

Supposons que vous ayez une jambe cassée et que vous soyez emmené aux urgences. Le médecin vous expliquera quelle intervention s'impose, et aucun choix ne vous sera proposé. Il ne s'agit pas de discuter, ni de connaître votre opinion. Si le médecin vous prescrit une radiographie et un plâtre, vous aurez droit à la radio et au plâtre. Vous n'attendez sans doute pas du médecin qu'il vous dise « Vous savez, je pense que vous avez une fracture. Et vous, qu'en pensez-vous ? », mais plutôt qu'il vous informe de la situation et de ce qui va être fait pour résoudre le problème.

Dans la conversation, faites de même. Quand vous donnez des instructions, attendez-vous à ce qu'elles soient suivies, et elles le seront. Si vous criez, le message que les gens perçoivent est que vous avez besoin de crier pour que l'on vous écoute. Au contraire, le meilleur moyen de capter l'attention d'autrui est de parler doucement mais de façon directe.

Si vous suivez cette règle, non seulement les gens auront tendance à vous écouter, mais ils éprouveront souvent le sentiment que vous leur aurez vous-même suggéré. Nous allons voir trois exemples différents de cette façon d'exercer une influence sur autrui dans la vie de tous les jours.

A. Quand un petit enfant tombe par terre, il vit d'autant plus mal l'incident que la réaction de ses parents est vive. L'enfant se dit : « C'est Maman qui sait, et si elle pense que je me suis fait mal, alors je me suis fait mal. »
B. Le fameux effet placebo peut entraîner des changements au niveau physiologique, par exemple une baisse de tension ou une variation des taux de cholestérol. L'organisme réagit parfois à un simple comprimé de sucre de la même manière qu'au vrai médicament.
C. Il suffit parfois que quelqu'un vous dise que vous avez l'air fatigué pour que vous commenciez à vous sentir fatigué. Essayez cela avec un collègue, et vous remarquerez que son expression corporelle change subitement. Soyez chic, essayez l'inverse : dites à votre interlocuteur

qu'il a bonne mine. Vous le verrez sourire et vous verrez ses yeux s'agrandir. Même s'il proteste, observez bien son visage et vous constaterez l'effet produit par vos paroles.

7. Quand nous demandons une faveur à quelqu'un, notre bon sens nous dit qu'il est préférable que la personne soit dans les meilleures dispositions. Nous nous doutons que si elle est détendue et si elle se sent à l'aise, elle nous accordera plus facilement ce que nous lui demandons. C'est généralement le cas, mais lorsqu'il s'agit de connaître la vérité, les choses ne fonctionnent pas toujours de cette façon. Demander à savoir la vérité, c'est plus que demander une faveur. En effet, vous devez supposer que la vérité n'est pas ce que votre interlocuteur a envie de vous dire. Vous aurez donc plus de chances de l'obtenir au moment où il sera fatigué, où il aura faim, etc., c'est-à-dire lorsqu'il n'aura plus les idées claires et qu'il éprouvera le besoin de terminer la conversation au plus vite. Bien sûr, il sera plus agité et moins commode, mais si le seul moyen pour lui d'avoir la paix ou de se sentir soulagé est de vous dire ce que vous voulez savoir, il vous le dira.

8. Gardez l'air détaché. Si votre interlocuteur vous sent désespéré, vous êtes cuit. Votre force réside dans vos alternatives, et plus celles-ci en imposent, plus vous en imposez vous-même. Dans le désespoir, les faits prennent une importance démesurée et vous risquez d'agir par crainte, ce que vous ne devriez jamais faire. Quand vos choix sont réduits, votre point de vue est faussé : votre pensée cesse d'être logique car elle est soumise à votre émotion. C'est valable pour n'importe lequel d'entre nous. Si vous avez vous-même l'impression que vous n'avez aucun pouvoir, vous avez de bonnes chances d'abdiquer. Au contraire, en vous ménageant des possibilités et en réduisant celles de votre interlocuteur, vous devenez considérablement plus fort. L'équation dont dépend la répartition des forces est simple. C'est celui qui attache le moins d'importance au résultat qui gagne. Pour avoir davantage de pouvoir vis-à-vis de votre interlocuteur, montrez-lui que vous avez la possibilité d'obtenir ce qu'il a à vous proposer – la vérité – par d'autres moyens, c'est-à-dire par d'autres personnes. Ainsi, il n'aura pas l'impression que vous dépendez de lui.

9. Il importe de comprendre de quelle manière l'être humain traite l'information. Lorsqu'il s'agit de ce que nous aimons faire, nous sommes *mono-tâche*, tandis que lorsqu'il s'agit de ce que nous n'avons pas envie de faire, nous devenons *multi-tâches*. Qu'est-ce à dire ? Supposons que vous ayez des factures à payer. Vous allez songer à les rassembler toutes, à les classer, à réunir vos chéquiers, vos timbres et vos enveloppes. Vous allez préparer les adresses, remplir les chèques, etc. Moins la tâche vous enthousiasme et plus elle comptera d'étapes. Si vous aimez cuisiner, par exemple, les étapes seront d'aller faire les courses, de tout ramener à la cuisine et de préparer le dîner. Au contraire, si vous détestez faire la cuisine, un grand nombre de tâches entreront dans l'équation, depuis faire la queue devant les caisses du supermarché jusqu'à faire la vaisselle.

Vous vous demandez quelle utilité pratique vous allez tirer de ces réflexions ? Eh bien, si vous voulez motiver quelqu'un à faire quelque chose, vous allez lui montrer que c'est simple et facile. Au contraire, si vous voulez l'en dissuader, vous allez lui décrire la tâche sous forme d'une longue série d'étapes fastidieuses. Il s'agit toujours de la même tâche, mais qui sera perçue tout différemment selon la façon dont vous l'aurez présentée.

10. Tout acte est motivé par le désir d'éviter un mal, par celui d'en tirer un plaisir ou par l'un et l'autre. La réaction de votre interlocuteur est fonction de ce que vous associez au plaisir ou à la peine.

Pour exercer une influence sur le comportement de votre interlocuteur, associez dans son esprit la peine à la direction dans laquelle vous ne voulez pas qu'il se dirige, et le plaisir à la direction dans laquelle vous voulez qu'il aille. Trop souvent, en proie à la colère ou à l'ignorance, nous perdons de vue cette technique de motivation, pourtant bien utile. À celui qui n'est pas honnête avec vous, à quoi bon déclarer « Espèce de menteur, j'ai toujours su que je n'arriverais à rien avec toi. Dis-moi la vérité une fois pour toutes, et va au diable ! », ce n'est pas la bonne méthode. En réalité, le problème est simple : si l'avantage que votre interlocuteur trouve à vous dire la vérité l'emporte sur l'avantage qu'il trouve à vous mentir, il vous dira la vérité. Il s'agit toutefois de respecter une règle capitale, que la plupart des gens négligent de prendre en compte. Il faut qu'en vous disant la vérité, il se sente tiré d'affaire. Avant tout, ce que cherche le menteur, c'est à changer de sujet, à faire oublier ce qui s'est passé, à se débarrasser du problème. Parmi les avantages que vous mentionnerez, tâchez d'inclure le fait que le sujet ne reviendra plus sur le tapis, que ce sera une affaire réglée. Si votre interlocuteur s'attend à ce que ses aveux soient suivis d'une conversation prolongée et de rappels incessants, c'est en vain que vous tenterez de l'inciter à être honnête. Les balles en argent sont de bons exemples de formulations utilisant ce principe d'incitation.

Ayez du flair pour éviter les arnaques !

7

Nos propres barrières, ou comment nous nous mentons à nous-mêmes

> « Une fois qu'il prend conscience de ce qui il est,
> qu'est-ce qui peut le consoler ?
> [...] car sur Terre
> Ceux qui vivent vivent dans un rêve. »
>
> Calderón de la Barca

Vous disposez à présent de tous les outils nécessaires pour détecter la tromperie et pour connaître la vérité. Cependant, certains facteurs peuvent encore empêcher que ces techniques réussissent. Heureusement, en prenant conscience de ces obstacles, vous pourrez les neutraliser, et vous aurez toute latitude d'examiner les faits tels qu'ils sont.

L'aveuglement

La personne à laquelle il est le plus facile de mentir, c'est celle qui a elle-même envie d'être trompée. Le plus souvent, nous nous abusons nous-mêmes. Celui qui ne veut pas voir la vérité parvient généralement à ne pas la voir. Qui n'a pas parmi ses amis une femme dont le petit ami ou le mari rentre bien tard le soir ? On l'aperçoit en ville, accompagné de femmes qui n'ont que la moitié de son âge, il dégage des effluves de parfum et il a souvent des voyages d'affaires. Et malgré toutes ces preuves, elle refuse de voir la vérité en face. Elle le croit sur parole, et voilà tout.

Quand nous ne voulons pas voir la vérité, nous nous mentons à nous-mêmes. Ces mensonges-là sont les plus difficiles à détecter, puisque ce sont les nôtres. Dès lors, nous n'avons plus le recul et l'objectivité nécessaires.

Les gens dépensent des millions à tenter leur chance. Nous avons envie de croire qu'il est possible de gagner mille euros en une heure tout en restant chez soi. Notre désir de croire influence fortement notre perception de la réalité, qu'il s'agisse des crèmes antirides miraculeuses ou des régimes minceur garantis. Notre désir de *ne pas voir* agit comme un filtre contre l'information vitale qui, souvent, nous permettrait de découvrir où est la vérité.

Rares sont ceux qui s'efforcent véritablement de voir ce qu'ils n'ont pas envie de voir, d'entendre ce qu'ils n'ont pas envie d'entendre et de croire à ce qu'ils aimeraient ne pas croire.

Quand vous attendez quelque chose d'une réunion, vous avez tendance à ignorer un certain nombre de points qui augurent mal du résultat. Or, il importe de s'efforcer de rester aussi objectif que possible, comme si l'on était chargé d'étudier l'information pour le compte de quelqu'un d'autre. Tâchez de ne pas prendre vos rêves et vos désirs pour des réalités.

Le secret, c'est de savoir faire abstraction de ses propres intérêts, et si cette tâche est généralement malaisée, il existe pourtant bel et bien un moyen facile d'y parvenir. Faites attention aux trois C : compliments, confirmation et confrontation. Ces trois éléments sont autant de facteurs susceptibles de fausser l'information. En d'autres termes, si vous cherchez à faire bonne impression, à obtenir la confirmation de ce que vous savez déjà ou à déclencher une joute, vous passerez à côté de la signification véritable du message.

Opinions, attitudes et croyances

Dans les paragraphes qui précèdent, nous avons vu que notre désir de voir ou de ne pas voir affectait notre perception des choses. Il en est de même de ce que nous *croyons* vrai. Nos préjugés, nos croyances, nos attitudes et nos opinions agissent comme des filtres et altèrent notre perception de la réalité.

Si vous avez appris dès l'enfance à respecter et à révérer l'autorité et à ne jamais remettre en question une figure d'autorité, votre capacité à rester objectif vis-à-vis d'une information en provenance d'un supérieur hiérarchique en sera grandement réduite. De même, si vous pensez que tous ceux qui essaient de vous vendre quelque chose sont des voleurs, ou que tous les fonctionnaires sont corrompus, il vous sera impossible de voir les choses telles qu'elles sont. Ce que vous verrez, c'est la projection de vos propres idéaux, de vos propres croyances et de vos propres préjugés.

Quand le malhonnête est cerné, tout peut revenir dans l'ordre (en douceur !).

Nous sommes parfois obligés de procéder à des généralisations. Nous avons chaque jour des milliers de décisions à prendre et nous ne pouvons pas examiner chaque chose comme si elle était entièrement nouvelle. Il est toutefois des moments où il importe de faire abstraction de ses croyances. À cette seule condition, on peut voir les choses telles qu'elles sont et non pas telles qu'on les croit.

Ne vous laissez pas submerger par vos émotions

Les émotions faussent notre perception des réalités. Il y a plus de deux mille ans, Aristote avait dit : « Sous l'influence de sentiments forts, nous sommes facilement induits en erreur. Le peureux sous l'influence de la peur et l'amoureux sous l'influence de l'amour se font des illusions, si bien que le premier croit voir un ennemi et que l'amoureux croit voir celle qu'il aime. »

Les états émotionnels peuvent être autosuggérés ou avoir une origine externe. Les émotions les plus fortes sont celles liées à la culpabilité, à l'intimidation, à la stimulation de l'ego, à la peur, à la curiosité, au désir de plaire et à l'amour. Quand vous êtes en proie à l'un de ces états émotionnels, votre jugement a de fortes chances d'être faussé. Par ailleurs, celui qui cherche à susciter chez vous un de ces états émotionnels tente de vous faire quitter la logique pour l'émotion, un domaine plutôt instable. S'il y réussit, c'est aux dépens de la vérité. En effet, vous n'êtes plus logique et vous n'êtes plus en mesure de voir l'évidence, et encore moins de juger. Voici quelques exemples de manipulations de ce genre :

Culpabilité : « Comment peux-tu seulement dire une chose pareille ? Je suis blessé de voir que tu n'as pas confiance. Là, je ne te reconnais plus. »

Peur : « Vous savez, vous risquez de tout perdre. Je ne pense pas que votre patron apprécierait. J'espère que vous savez ce que vous faites. Je vous le répète, vous ne trouverez jamais ailleurs des conditions aussi intéressantes. Ce serait de la folie de le croire. »

Stimulation de l'ego : « Je vois bien que vous êtes une personne intelligente. Je n'essaierais pas de vous dissimuler quelque chose. Comment pourrais-je le faire ? Vous vous en rendriez compte immédiatement. »

Curiosité : « Écoute, on ne vit qu'une fois. Essaye. Tu pourras toujours revenir au point de départ. Ça va sûrement être amusant, ce sera une véritable aventure. »

Désir de plaire : « J'ai cru que vous étiez un vrai joueur et tout le monde le pensait aussi. Si vous ne vous joignez pas à nous, ce sera vraiment une grande déception. »

Amour : « Si tu m'aimais, tu ne me poserais pas de questions. Bien sûr que je n'ai à cœur que de protéger tes intérêts. Jamais je ne te mentirais. Tu le sais bien, non ? »

Lisez et écoutez en toute objectivité : non seulement les paroles, mais aussi le message. Pour éviter que ces barrières émotionnelles n'interfèrent avec votre capacité à digérer les faits, faites momentanément abstraction de vos sentiments et voyez ce qui est devant vous plutôt que ce qui est en vous.

8

Les barrières extérieures

« La vérité est la même quel que soit l'angle. Un mensonge doit toujours être regardé en face. »

David J. Lieberman

Nous allons voir à présent quels sont les obstacles qui nous viennent de l'extérieur. Vous allez découvrir les secrets psychologiques des experts. Vous allez comprendre la manière dont les professionnels s'y prennent pour fausser votre jugement et pour vous empêcher d'évaluer correctement l'information.

Dans tous les domaines, nous sommes toujours en train de vendre quelque chose. Dans le monde des entreprises, il s'agit de vendre un produit ou un service. Dans votre vie privée, vous devez vous vendre vous-même ou vendre une idée. Dans toutes les situations, la raison pour laquelle vous pouvez ne pas réussir est toujours la même : votre interlocuteur ne croit pas à la véracité de ce que vous lui dites.

Supposons que vous soyez un agent immobilier. Si vous vantez une bonne affaire à l'un de vos clients et s'il vous répond « Il faut que j'y réfléchisse » ou « Il faut que j'en parle à ma femme », c'est qu'il est sceptique : s'il avait confiance en vous, pourquoi hésiterait-il à investir ? La crédibilité, c'est ce qui vous permet d'influencer les autres. Lorsque les faits ne permettent pas d'installer cette crédibilité, la vérité ne tarde généralement pas à subir des distorsions.

Éviter le piège de ces techniques est parfois difficile, car elles sont fondées sur les principes de psychologie de la nature humaine. Heureusement, elles ont ceci de commun avec les tours de magie qu'une fois que vous les connaissez, on ne peut plus vous mener en bateau.

Règle 1

Attention aux coïncidences

Nous avons tous tendance à aimer et à croire ceux qui nous ressemblent le plus, et donc à subir leur influence. Avec eux, nous nous sentons en affinité et le courant passe. Quand vous partagez avec quelqu'un les mêmes origines, les mêmes occupations ou les mêmes idées, cela crée des liens. Il suffit parfois de peu de chose.

Vous vous dites peut-être que cela ne porte pas à conséquence, et vous avez raison. Mais alors, quel est le problème ? Si ce n'était qu'une histoire de noms de famille, de ville natale ou de goûts communs, il n'y aurait pas à s'en inquiéter. Or, les choses ne se passent pas ainsi. Les implications sont bien plus profondes que ce que vous pouvez imaginer.

La liste de toutes les situations dans lesquelles cette règle s'applique remplirait un livre. Nous nous contenterons ici de voir quelles sont les trois façons dont elle se vérifie le plus couramment.

1. Si quelqu'un vous interroge sur vos occupations, sur votre ville natale, sur vos goûts, vos valeurs, vos préférences culinaires, etc., pour ensuite vous dire systématiquement « ça alors, moi aussi ! », soyez sur vos gardes.

2. Lorsqu'une personne nous est agréable, non seulement nous avons tendance à la trouver sympathique, mais nous avons encore plus facilement tendance à être d'accord avec elle. N'avez-vous jamais remarqué cela ? Si votre interlocuteur vous approuve quoi que vous puissiez lui dire, soyez sur vos gardes. Songez à la fable du corbeau et du renard. Comme dit La Fontaine, « tout flatteur vit aux dépens de celui qui l'écoute ». Ne faites jamais confiance à une personne qui vous flatte.

Est-ce à dire que vous devez être méfiant au moindre compliment que l'on vous fait ? Bien sûr que non. Il s'agit simplement de ne pas vous laisser abuser par des louanges qui ne seraient pas sincères.

3. Enfin, rappelez-vous ce que nous avons dit dans le chapitre 2 : la cordialité instaure la confiance et permet un rapprochement psychologique. On se sent plus à l'aise. Si vos mouvements, le débit de vos paroles et le ton de votre voix s'harmonisent avec ceux de votre interlocuteur, il importe que vous en ayez conscience.

Règle 2

Se méfier des inconnus qui apportent des cadeaux

Pourquoi les missionnaires, dans les aéroports, offrent aux voyageurs un petit cadeau ? Parce que la plupart des gens se sentent alors obligés de leur verser une obole.

Quand nous recevons un cadeau, nous avons tendance à nous sentir redevables. Lorsqu'on vous demande quelque chose, n'agissez pas au nom d'un sentiment d'obligation. Ce n'est pas seulement des cadeaux qu'il s'agit, mais aussi des informations, des concessions ou même du temps que quelqu'un peut vous accorder. Quand un commercial vous consacre du temps, vous montre un produit et vous en explique le fonctionnement, il sait pertinemment que vous allez vous sentir obligé de l'acheter même si vous n'êtes pas sûr de le désirer vraiment. L'important est de prendre votre décision indépendamment de l'intérêt de votre interlocuteur.

Règle 3

Moitié prix ? Mais la moitié de quel prix ?

Les faits peuvent être interprétés différemment selon l'ordre dans lequel ils sont présentés. En d'autres termes, tout est dans la comparaison et le contraste. Dans un magasin d'électroménager, c'est une fois que vous avez pris votre décision d'acheter un modèle d'appareil que le vendeur vous montrera des accessoires pour compléter votre achat. Il est vrai que l'étui à cinquante euros et la garantie optionnelle à trente euros ne vous sembleront pas si chers comparés aux huit cents euros que coûte l'appareil. Comme il vous a présenté d'abord les éléments les plus coûteux, le prix des autres vous semble plus raisonnable.

Un vendeur de voitures d'occasion peu scrupuleux vous montrera, par exemple, plusieurs voitures dont le prix est de vingt à trente pour cent trop élevé, puis une voiture dont le prix est plus honnête : vous aurez alors l'impression qu'il s'agit d'une bonne affaire. En réalité, tout est dans la comparaison du prix avec celui des autres voitures.

Les réductions de prix sont un autre exemple de ce même principe. Un article dont le prix est passé de cinq cents à deux cents euros semble certainement une meilleure affaire qu'un article vendu cent cinquante euros sans réduction. C'est le contraste qui rend le produit attractif, même s'il est en réalité moins intéressant que celui qui est vendu moins cher. Le vendeur aura tendance à vous dire quelque chose du genre : « Bien sûr c'est une dépense, mais pensez à l'économie que vous réalisez sur le prix habituel ! »

Dans les grands restaurants, il arrive que l'on vous serve un sorbet entre deux plats (le trou normand). Cela vous permet de vous rincer le palais. Ainsi, le goût du plat suivant ne sera pas altéré par le goût du plat précédent. Avant de prendre une décision, ne devriez-vous pas procéder de même, mentalement ? Il vous suffit pour cela de considérer chaque décision indépendamment de tout le reste, en laissant passer le temps nécessaire entre deux décisions et en déterminant la valeur de chaque chose en toute indépendance.

Règle 4

Pourriez-vous faire cette petite chose pour moi ?

Sachez à quel moment il convient d'avoir le fusil chargé. Nous avons généralement tendance à agir en fonction de nos actions passées, même quand ce n'est pas pertinent. C'est un effet de la nature humaine. Nous éprouvons le besoin de cultiver une certaine cohérence dans nos paroles, dans nos pensées, dans nos croyances et dans nos actes.

Il s'agit ici de savoir prendre une décision indépendamment des décisions qui la précèdent. Plus vous avez une haute estime de vous-même et plus vous êtes à même de prendre des décisions de façon indépendante. Ce qui suit est extrait de mon livre *Instant Analysis*. Si vous avez une mauvaise image de vous-même, vous vous sentirez davantage obligé de justifier vos actions passées. Vous aurez tendance à manger quelque chose même à contrecœur, parce que c'est ce que vous avez commandé. Vous lirez jusqu'au bout un livre même s'il vous ennuie, parce que vous l'avez acheté, parce qu'on vous l'a prêté ou parce qu'on vous l'a offert. En d'autres termes, vous pensez que c'est ce que vous devez faire, même si ce n'est plus ce qui vous tente. Votre première préoccupation est de faire les choses comme il faut, même aux dépens de votre jugement présent, pour justifier vos actions passées.

On retrouve l'exemple type de ce comportement chez ceux qui deviennent adeptes d'une secte. Vous vous demandez peut-être comment une personne intelligente et instruite peut se laisser séduire par un système qui l'oblige à renoncer à sa famille, à ses amis, à ses biens et même, dans certains cas malheureux, à sa propre existence. Or, plus une personne s'estime elle-même et moins elle risque de devenir la proie d'une secte : en premier lieu, parce que celui qui a une image positive de lui-même est capable de se rendre compte et d'admettre devant les autres qu'il a fait une bêtise. Au contraire, celui qui manque de confiance en lui-même est moins capable de remettre en question son propre jugement, sa valeur et son intelligence. Dans une secte, le recrutement se fait progressivement. À chaque étape du processus, la personne est obligée de justifier sa conduite passée. C'est pourquoi vous ne verrez jamais des membres d'une secte vous accoster en vous demandant tout simplement si vous avez envie de les rejoindre et d'abandonner tout ce qui vous est cher.

Cette méthode peut influencer grandement votre processus de décision. Fondamentalement, en vous faisant accepter des contraintes légères et apparemment anodines, on vous conditionne à accepter ensuite des contraintes plus importantes. Vous vous sentez obligé de suivre la logique dans laquelle vous vous êtes engagé.

Si vous ne voulez pas que l'on abuse de vous de cette manière, soyez sur vos gardes lorsqu'on vous demande de vous engager dans quelque chose, même si c'est de façon peu contraignante. En général, une telle sollicitation est suivie tôt ou tard par une autre exigence un peu plus forte, et peu à peu, vous vous engagez jusqu'à vous retrouver prisonnier de votre décision.

Avant de prendre une décision, demandez-vous si vous agissez au mieux de votre intérêt ou si vous n'êtes pas plutôt en train de vouloir justifier une conduite ou une décision antérieure.

Règle 5

L'effet mouton de Panurge

Nous avons tendance à considérer une conduite comme appropriée lorsque nous voyons les autres autour de nous suivre cette conduite. Cet effet psychologique s'observe dans de nombreux domaines. Les rires enregistrés qui ponctuent certains spectacles télévisés sont l'application de ce principe. Quand les autres rient, nous trouvons la chose plus drôle. Si l'on vous dit que votre voisin, qui jusqu'alors ne payait pas de mine à vos yeux, met toutes les femmes à ses genoux, vous allez commencer à le voir autrement. Si votre concessionnaire vous explique que le rouge foncé est en ce moment la couleur préférée des clients, vous aurez tendance à choisir vous aussi une voiture de cette couleur. Pour éviter de subir cet effet, établissez une séparation bien nette entre vos propres aspirations et les désirs des autres. Ainsi, par exemple, ce n'est pas parce qu'on vous affirme qu'un produit est le plus récent, le meilleur, le plus à la mode ou celui qui se vend le mieux que vous devez croire que c'est le produit qu'il vous faut.

Règle 6

L'habit ne fait pas le moine

De toutes les techniques psychologiques, voici certainement de loin celle dont les vendeurs usent et abusent le plus. Vis-à-vis de l'autorité, nous avons tous tendance à rester conditionnés par notre éducation : en un mot, l'autorité, nous la respectons. C'est peut-être une bonne chose, mais il est flagrant qu'ainsi, nous présentons une vulnérabilité dont il est facile d'abuser. N'avez-vous jamais remarqué quelle tenue portaient les vendeurs des rayons cosmétiques ? Des blouses blanches ! N'est-ce pas curieux ? Savez-vous pourquoi ils portent des blouses blanches ? Pour ressembler à des scientifiques. Ainsi, les clients sont davantage portés à croire ce qu'ils leur disent.

Un de mes amis, qui avait loué une cassette vidéo, m'avait déclaré qu'il s'agissait du plus mauvais film qu'il ait jamais vu de sa vie : « Le type du comptoir m'a dit que ça me plairait ! » En disant ces mots, mon ami avait soudain réalisé combien il avait été sot. Cet employé derrière son comptoir, que diable pouvait-il savoir de mon ami et de ses goûts en matière de cinéma ? Ce n'est pas parce qu'une personne est derrière un comptoir, parce qu'elle porte une blouse blanche ou parce qu'elle est munie d'un bloc-notes qu'elle est compétente.

Règle 7

Ce qui est rare n'a pas nécessairement de la valeur

Il est un principe selon lequel plus un objet est difficile à acquérir et plus nous y accordons de la valeur. En somme, nous désirons ce que nous n'avons pas, et nous désirons davantage encore ce qui n'est pas à notre portée.

« Il me semble que nous sommes en rupture de stock sur cet article. Il est très demandé. Mais si jamais il m'en restait un, vous aimeriez l'avoir, non ? » Quand la possibilité d'obtenir quelque chose est ainsi réduite, vous avez davantage de chances de dire oui.

Comparez la phrase qui précède à celle qui suit, et demandez-vous si vous seriez aussi disposé à acheter l'article si la chose vous était présentée ainsi : « Nous en avons tout un entrepôt rempli. Je vous le commande tout de suite ? » Cette fois, vous n'êtes plus incité à « foncer ». Il n'y a plus d'urgence, il n'y a plus de rareté, et il n'y a plus de désir. Pour éviter de vous laisser ainsi influencer, posez-vous cette question : « S'il y en avait un million devant moi et si personne d'autre n'en voulait, est-ce que j'en voudrais toujours ? »

Règle 8

Le plus beau graphique en couleurs ne rend pas la chose plus vraie

Comme le disait si bien Benjamin Disraeli, « Il existe trois sortes de mensonges : les mensonges, les sacrés mensonges et les statistiques ». Je ne me lasse pas de m'étonner devant la facilité avec laquelle nous nous laissons influencer par ce qui « paraît » officiel.

Quand on vous montre un graphique en couleurs en guise de « preuve », cela ne rend pas plus vrai ce que l'on vous raconte. Ne vous laissez pas influencer par la façon dont le message vous est présenté : tenez-vous-en plutôt à son contenu. Combien d'entre nous écoutent-ils le boniment d'un vendeur pour avoir droit à une belle brochure en couleurs dans laquelle ils retrouveront tout ce qu'ils viennent d'entendre ? À partir de quel moment nous sommes-nous mis à croire que ce qui est écrit est toujours vrai ?

Un ancien proverbe dit que personne ne vendra jamais un cheval parçe qu'il est mauvais, mais simplement pour des raisons fiscales. Souvent, nous ne prenons pas la peine de nous demander : « Est-ce que tout cela tient vraiment debout ? » Or, un peu de bon sens peut nous éviter bien des regrets.

Règle 9

Je suis de votre côté

Cette technique sert à gagner en crédibilité. Quand elle est pratiquée de la bonne manière, vous pourriez jurer que vous venez de vous faire un excellent ami qui n'a en tête que de veiller sur vos intérêts. En réalité, votre interlocuteur s'est contenté de monter un stratagème afin de gagner votre confiance, laquelle lui sera bien utile.

Ainsi, par exemple, supposons que vous soyez dans un magasin et que vous envisagiez d'acheter un modèle de literie ferme et confortable, mettons le « Super Deluxe ». Le vendeur vous explique que si vous voulez ce modèle, il est prêt à vous le commander, mais qu'avant cela, il est une chose qu'il pense préférable de vous signaler : certes, vous ne vous en rendrez jamais compte, mais à l'intérieur, le fabricant met parfois des composants recyclés.

Pourquoi cette confidence ? Pour gagner votre confiance. Apparemment, pour vous donner une information que vous n'auriez jamais obtenue ailleurs, il prend le risque de rater une vente intéressante. Dès lors, vous voilà disposé à croire tout ce qu'il vous dira. Ensuite, il vous montre le « Suprême Deluxe », un peu plus cher que votre choix initial mais qui ne contient aucun élément recyclé.

Règle 10

Voyez ce que l'on vous donne réellement, pas ce que l'on vous promet

Pour éviter d'être dupé, évaluez l'intégrité de votre interlocuteur en fonction de ce qu'il vous présente, et non pas en fonction de ce qu'il vous promet. Henri, un homme d'un certain âge, faisait du porte-à-porte chez les commerçants pour leur vendre des montres à gousset. Tout le monde voyait en lui un simple colporteur. Pourtant, quand il a pris sa retraite, il était millionnaire. Il n'avait rien fait d'illégal pour y parvenir. Comment a-t-il pu devenir aussi riche en vendant des montres à gousset ? En fait, ce qu'il vendait, ce n'était pas la montre. Il vendait son histoire.

Henri entrait dans un magasin et demandait si quelqu'un voulait acheter une magnifique lampe en cristal, faite à la main. Le prix de la lampe n'était que de trente-cinq dollars, alors qu'un tel objet coûtait normalement dix fois, vingt fois plus cher.

Il expliquait qu'il fabriquait lui-même ces lampes et qu'il les donnait pour un prix symbolique. Comme il n'avait avec lui qu'un exemplaire, il fallait lui passer une commande. Il notait le nom et l'adresse de la personne intéressée, mais il n'acceptait aucun acompte. Il disait en souriant : « Vous paierez quand vous l'aurez, si elle fait votre bonheur. » En procédant ainsi, il inspirait confiance et donnait l'image d'un artiste vendant de façon désintéressée un bel article à un prix incroyable.

Seulement, Henri avait aussi avec lui une grosse mallette de forme assez originale. Inévitablement, quelqu'un finissait par lui demander ce qu'elle contenait. Il l'ouvrait, et les gens pouvaient admirer de magnifiques montres à gousset en argent, bien emballées et bien protégées. Il pouvait alors raconter ce qu'il voulait sur ses montres. Personne n'avait plus l'idée de mettre en doute leur qualité ni leur valeur. La plupart de ceux qui lui avaient commandé une lampe lui achetaient une montre. Personne n'a jamais reçu la moindre lampe, mais nombreux sont ceux qui ont acheté à cet aimable vieil homme une montre au-dessus de son prix.

La prochaine fois que vous aurez une décision à prendre à propos d'une promesse restant à honorer, rappelez-vous l'histoire d'Henri.

Règle 11

Vous pourriez au moins faire ça ?

Si quelqu'un vous demande de lui accorder une faveur non négligeable, ne vous faites pas avoir. On risque de vous demander ensuite une autre faveur, plus petite, qui était celle réellement recherchée. Nous accédons plus facilement à une demande lorsqu'elle suit une autre demande plus importante. Trois motivations psychologiques sont en jeu :

1. Par comparaison avec la première demande, celle qui suit vous semble très raisonnable.
2. Vous avez mauvaise conscience à refuser la demande initiale, si bien qu'accéder à l'autre vous paraît être un compromis honnête.
3. Vous ne voulez pas paraître revêche. Vous vous accordez le droit de refuser d'accorder la plus large faveur, mais vous vous dites que vous auriez mauvaise grâce à refuser d'accorder aussi l'autre, dont l'enjeu est bien moindre.

Règle 12

Ah oui ? Je vais vous montrer, moi !

Personne n'a envie de faire mauvaise impression. Voici comment certains peuvent exploiter cette règle à vos dépens. Supposons que vous entriez dans un magasin et que vous demandiez à voir un certain modèle de blouson. Le vendeur vous emmène au rayon concerné et vous déclare : « Si c'est un peu cher pour vous, nous avons des modèles plus abordables par ici. » Vous vous dites alors : « Qu'est-ce qu'il croit, celui-là ? Je vais lui montrer, moi, il va voir si ce n'est pas dans mes moyens ! » Vous ressortez du magasin la tête haute mais le portefeuille bien allégé. Quant au vendeur, il boit du petit-lait. Il s'agit de ce que l'on appelle la psychologie inverse. En insinuant que vous ne pouviez peut-être pas vous offrir ce modèle, il a titillé votre ego et vous a poussé à lui prouver son erreur.

Aspirez à l'honnêteté !

Conclusion

Que ce soit au travail ou dans votre vie privée, dans des conversations banales ou lors d'importantes négociations, les techniques que vous avez apprises dans ce livre vous permettront de remodeler en profondeur vos liens avec le reste du monde. Fort de cet avantage que vous venez d'acquérir, vous allez profiter d'une possibilité nouvelle de tirer parti, dans vos relations professionnelles et privées, des plus grands secrets du comportement humain.

On n'inventera sans doute jamais un moyen d'empêcher les gens d'être malhonnêtes et de mentir, mais désormais, vous serez prêt à les affronter. Lors de vos futures rencontres et dans toutes les situations que vous vivrez, vous ne laisserez plus jamais personne vous mentir.

Table des matières

Du même auteur,
aux éditions Leduc.s

256 pages
19 €

DAVID J. LIEBERMAN
SORTEZ DE VOS
AUTOMATISMES
ET SOYEZ ENFIN
VOUS-MÊME
(EN MIEUX !)
BEST-SELLER INTERNATIONAL
100 CLÉS
POUR SE DÉBARRASSER DE CES HABITUDES
QUI VOUS GÂCHENT LA VIE
LEDUC.S ÉDITIONS

320 pages
20 €

Achevé d'imprimer en Espagne par Novoprint
Dépôt légal : avril 2019